Zu diesem Buch
Auch zum Jahrtausendwechsel ist das Bedürfnis der Menschen nach Sinnsuche, innerem Frieden und seelischer Ausgeglichenheit ungebrochen. Die einen wenden sich der Esoterik zu und lassen ihr Leben durch Mondphasen und Bachblüten lenken, die anderen machen sich auf den Weg nach innen und versuchen im Rahmen einer Psychotherapie ihrer eigenen Geschichte auf den Grund zu gehen und ihr Leben zu ordnen.

Auch nach der Neuregelung durch das seit dem 1. 1. 1999 geltende Psychotherapiegesetz, das erstmals die Berufsbezeichnung gesetzlich schützt und Ausbildungswege definiert, gibt es noch eine große Zahl fragwürdiger Angebote. Auf Wochenendseminaren, in Workshops oder Kursen bei so genannten Therapeuten und Heilern lassen sich nach wie vor viele Menschen auf Methoden und Techniken ein, die im harmloseren Fall einfach nur viel Geld kosten, schlimmstenfalls aber erhebliche physische und psychische Risiken mit sich bringen.

Verführt durch die beeindruckenden Erfahrungen der ersten Sitzungen, verlangen die Betroffenen nach immer neuen, immer intensiveren Erlebnissen und die Gemeinsamkeit mit anderen Teilnehmern dieser Gruppe wird für sie unverzichtbar. So schließen sie sich nach und nach immer mehr ab und geraten zunehmend in eine psychische und – durch Verschuldung – auch finanzielle Abhängigkeit von der Therapiegruppe.

Dieses Buch stellt einen exemplarischen Fall vor authentischem Hintergrund vor: Es schildert auf der Grundlage umfangreicher Recherchen und mit beeindruckenden Dokumenten (Tagebuchauszügen, Briefen und Betroffenenberichten), wie Menschen in den Sog solcher «Helfer» geraten können.

Die Autorin
Heike Zafar ist Journalistin, arbeitet für Rundfunk, TV und Print.

Heike Zafar

«Du kannst nicht fließen, wenn dein Geld nicht fließt»

*Macht und Missbrauch in
der Psychotherapie*

Rowohlt Taschenbuch Verlag

Originalausgabe
Veröffentlicht im Rowohlt Taschenbuch Verlag GmbH,
Reinbek bei Hamburg, Mai 2000
Copyright © 2000 by Rowohlt Taschenbuch Verlag GmbH,
Reinbek bei Hamburg
Redaktion Ingrid Klein
Umschlaggestaltung Susanne Heeder
Foto: Tony Stone Images / Zigy Kaluzny
Satz Aldus PostScript, PageOne
Gesamtherstellung Clausen & Bosse, Leck
Printed in Germany
ISBN 3 499 19983 1

Inhalt

Vorwort 7

« Alles ist therapeutisch gedeckt » –
Die Geschichte einer Therapie 15

Grenzenlose Therapie – Zwischen Faszination und Risiko 31

1. Grenzüberschreitungen bei Beginn einer Therapie 33
2. Emotionale Übergriffe in der Therapie 42
3. Die Kraft des therapeutischen Wortes 52
4. Therapeutische Umwandlung im Kollektiv 59
5. Die Macht der Gruppe in der Therapie 69
6. Körpertherapeutische Übungen 74
7. Geld und Moral 83
8. Wie erkennt man Grenzüberschreitungen in der Therapie? 91

Das Geschäft mit der Therapie 95

1. Zur Rolle der Therapeutenpersönlichkeit 95
2. Die schnelle Mark mit Therapie 101
3. Psychotherapeuten in der Wirtschaft 104

Ausstieg aus der Therapie 107

1. Probleme beim Ausstieg aus der Therapie 107
2. Erfahrungsbericht eines Therapieopfers 114
3. Brief an den ehemaligen Therapeuten 116

Rechtsrisiko Therapie 121

1. Was kann man juristisch gegen Missbrauch in der Psychotherapie unternehmen? 121
2. Schützt das neue Psychotherapiegesetz? 126
3. Was tun die Berufsverbände? 132

Zum Umgang mit der Missbrauchsproblematik unter Therapeuten 135

Anhang 153

Selbsthilfe für Therapiegeschädigte 153
Adressen von offiziellen Beratungsstellen und Selbsthilfegruppen 162

Literatur 167

Danksagung 171

Vorwort

Der Selbstmord von Maria S. hat den Stein ins Rollen gebracht. 1993 stürzte sich die 38-jährige Krankenschwester aus dem fünften Stock ihres Wohnhauses durch den engen Treppenschacht in den Tod. Sie hinterließ eine gerade volljährige Tochter, mit der sie seit Jahren allein lebte.

Maria S. war Opfer eines Therapiemissbrauchs. Sie hatte, wie sich anhand ihrer Tagebuchaufzeichnungen rekonstruieren ließ, mit ihrem Therapeuten eine sexuelle Beziehung. Die Aussichtslosigkeit dieser Beziehung und ihre gekränkten Gefühle hatten ihr schließlich den Lebensmut genommen.

Marias Geschichte war der Anlass für einen Artikel über Therapiemissbrauch in einem Stadtmagazin. Bei einer Diskussionsveranstaltung zum Thema, die neun Tage später stattfand, stellte sich heraus, dass der Artikel ins Schwarze getroffen hatte. Über 200 Gäste statt der erwarteten 30 Teilnehmer drängten sich in den viel zu kleinen Saal, in dem die spannungsgeladene Diskussion schon bald eine überraschende Wende nahm: Eine Frau meldete sich zu Wort und schilderte, dass sie in ihrer fünfjährigen Therapie zwar nicht sexuell, aber emotional missbraucht worden sei. Sie hatte geglaubt, eine gute Freundin ihres Therapeuten zu sein, sei aber von ihm in dem Moment fallen gelassen worden, als sie psychisch zusammengebrochen sei. Als er sie mit der Begründung, für so was sei er nicht mehr zuständig, in die Psychiatrie geschickt habe, sei für sie eine Welt zusammengebrochen. In ihrer Verzweiflung habe sie später einen Selbstmordversuch unternommen und anschließend mehrere Monate in einem psychiatrischen Krankenhaus verbracht. Die Therapie habe nicht nur ihre seelische Gesundheit, sondern auch ihre Familie und ihre berufliche Existenz ruiniert.

Die Frau hatte diese Erfahrungen nicht in irgendeiner der zahlreichen psychotherapeutischen Praxen der Stadt gemacht, sondern in einer Praxis mit einem ganz besonderen Ruf: Ihr Gründer war durch zahlreiche Gerüchte um seine Person und seine eigenwilligen Therapiemethoden stadtbekannt – seine treuesten Anhänger verehrten ihn nach allen Regeln des Personenkults und auch in praxisfernen Kreisen wie der örtlichen Zeitung wurde in diesem Zusammenhang das Wort «Psycho-Guru» verwandt. Sein Name stand für eine Psychotherapie, die schnelle und radikale Persönlichkeitsveränderungen der Klientel versprach.

Die Gründungspraxis war seit den siebziger Jahren in einer Art Franchising-System zu einer Therapiekette von mindestens 15 weiteren Praxen expandiert. Die dort tätigen Therapeuten hatten in der Regel selbst eine Therapie in dieser Praxis gemacht und führten nun Therapien nach Art des Hauses durch. Das therapeutische Setting, sprich: äußere Gestaltungsmerkmale, Arbeitsweise, Regeln etc. stimmten bis ins Detail überein.

Mit ihrem Diskussionsbeitrag hatte die ehemalige Klientin auch anderen Ehemaligen dieser Praxis Mut gemacht, ihre Therapieerfahrungen zu schildern, und so wurde an diesem Abend erstmals öffentlich auf den Tisch gebracht, was unter Ärzten, Psychiatern und Vertretern von Psychotherapie- und Beratungsstellen seit Jahren ein offenes Geheimnis war: Fälle von Psychosen, Depressionen, versuchten und gelungenen Selbstmorden bei früheren Klienten dieser Praxen waren zum Teil bis in die Kliniken außerhalb der Stadtgrenzen bekannt.

Die Idee, das ganze Ausmaß dieser therapeutischen Grenzüberschreitungen zu dokumentieren, war der Grundstein dieses Buchs. In diesem Zusammenhang hatte ich mit mindestens 40 Personen Kontakt, die angaben, direkt oder indirekt Opfer dieser einen psychotherapeutischen Praxiskette gewesen zu sein. Sie haben mir ihre Geschichten erzählt, manche haben auch Briefe, Fotos, alte Rechnungen, Sitzungsprotokolle und Tagebuchaufzeichnungen aus ihrer Therapiezeit zur Verfügung gestellt. Gemeinsam war ihnen allen, dass sie sich seelisch, körperlich oder finanziell geschädigt fühlten. Einige der früheren Klienten hatten phasenweise Selbstmordgedanken, andere waren in stationäre Behandlung gekommen.

Ein nicht unbedeutender Teil der in dem Buch dargestellten Fälle von Grenzüberschreitung und Missbrauch in der Therapie stammt aus dem Erfahrungsbereich dieser einen Praxiskette. Im Laufe der Recherchen kamen jedoch immer mehr Klienten aus anderen Praxen in anderen Städten und anderen therapeutischen Schulen hinzu, deren Erfahrungen nicht weniger schlimm waren. Es ist also keinesfalls Ziel dieses Buchs, bestimmte Praxen, Therapeuten oder therapeutische Schulen an den Pranger zu stellen. Dieses Buch ist kein Rundumschlag gegen Psychotherapie im Allgemeinen. Es richtet sich jedoch ausdrücklich gegen jene Methoden, die weniger auf ein zufriedenes Leben der Klienten *außerhalb und nach* der Therapie abgestimmt sind als darauf, sie möglichst intensiv und lange an eine Therapie zu binden. Und es ist schließlich mit aller Deutlichkeit gerichtet gegen Psychotherapeuten, die ihre Position und die therapeutische Macht dazu benutzen, die Klienten emotional, körperlich oder finanziell zu missbrauchen.

«Missbrauch in der Psychotherapie» ist seit ca. zehn Jahren peu à peu von einem Tabuthema zu einem publikumswirksamen Medienfavoriten aufgestiegen, wobei das Interesse fast ausschließlich dem sexuellen Missbrauch gilt. Auch wenn dies meiner Meinung nach eine falsche Eingrenzung des Missbrauchsbegriffs ist, so hat das Medieninteresse immerhin dazu geführt, dass sexuelle Übergriffe in der Therapie nicht mehr in die Kategorie Kavaliersdelikt fallen, sondern als unzulässige Übergriffe gewertet werden.

Zusätzlich hatte die allmählich einsetzende Enttabuisierung der Missbrauchsthematik sowohl für die Betroffenen als auch die Therapeuten eine nicht zu unterschätzende aufklärerische und schützende Funktion. Denn während in den USA schon seit über 20 Jahren öffentlich diskutiert wird und längst Ethikrichtlinien und spezielle Behörden zum Schutz der Klienten bestehen (die so genannten Licensing Boards), wurde das Thema in Deutschland erst vor wenigen Jahren wissenschaftlich erforscht. Die Resultate dieser Forschungen schreckten schließlich auch die auf, die bislang davon ausgegangen waren, dass sexuelle Übergriffe von Therapeuten Ausnahmen seien: Eine noch vom CDU-Bundesministerium für Gesundheit in Auftrag gegebene Studie geht davon aus, dass mindestens 600 Klientinnen jährlich in der Therapie sexuell missbraucht werden und dass sich allein der volkswirtschaftliche Schaden auf 20 Millionen DM beläuft. Nicht zuletzt diese Zahlen haben schließlich dazu geführt, dass mit dem neuen Paragraphen 174 c Strafgesetzbuch der Therapiemissbrauch als eigenständiger Straftatbestand gewertet wird – ein großer Fortschritt zum Schutz der betroffenen Klientel.

Den Erfahrungen therapiegeschädigter Klienten wird die Einengung des Missbrauchsbegriffs auf sexuelle Übergriffe jedoch nicht gerecht. So richtig und wichtig die derzeit geführte Debatte um die Missbrauchsthematik ist, umso bedauerlicher ist es, dass sie den weniger spektakulären Formen des Therapiemissbrauchs so wenig Aufmerksamkeit schenkt. In diesem Buch werden die Begriffe «Missbrauch» und «Grenzüberschreitung» daher auch für solche therapeutischen Verhaltensweisen verwandt, in denen egoistische Interessen des Therapeuten im Vordergrund stehen. Etwa wenn ein Therapeut Klienten sein Auto waschen, seinen Garten umgraben oder seine Kinder hüten lässt. Wenn er, um die Klienten stärker an sich zu binden oder andere Bedürfnisse zu befriedigen, private Freundschaften zu ihnen aufbaut oder sich wie ein Guru, Liebhaber oder Chef verhält. Die Gefahr der Grenzüberschreitung ist immer dann gegeben, wenn der Therapeut seine Therapeutenrolle verlässt und in eine andere Rolle schlüpft: Das Verhältnis Therapeut–Klient kann nämlich niemals, auch außerhalb der Therapiesituation, ein gleichwertiges sein. Aufseiten des Therapeuten führen sein Expertenvorsprung, sein Wissen über die intimsten Gedanken der Klienten und seine berufsmäßige Rolle, die Therapie zu lenken, in jedem Fall dazu, dass er der Mächtigere in der Beziehung ist. Dagegen übernehmen die Klienten auf der Suche nach therapeutischer Hilfe und Unterstützung unwiderruflich den schwächeren Part. Sich klein, schwach und verwundbar zeigen zu können ist ja gerade Sinn einer Therapie – die Folge ist eine therapiebedingte, vorübergehende Abhängigkeit.

Es ist Aufgabe des Therapeuten, mit dieser Schwäche verantwortlich umzugehen. Dafür ist er ausgebildet und dafür wird er bezahlt. Tut er es nicht, etwa weil seine eigenen Interessen im Vordergrund stehen, missbraucht er seine berufsbedingte Macht.

Manche Grenzüberschreitungen finden erstaunlich unverblümt und offensichtlich, versehen mit einer jeweils passenden therapeutischen Erklärung, statt. Der weitaus größere Teil der über die Grenzen des therapeutisch Zulässigen hinausgehenden Verhaltensweisen – deshalb häufig auch als *Grenz*verletzungen bezeichnet – macht es den Klienten allerdings sehr schwer, den Missbrauch zu erkennen. Hierbei handelt es sich um Behandlungsmethoden, die eher subtil und verdeckt missbräuchlich sind. Zum Beispiel, wenn sich ein Therapeut ständig in Selbstbeweihräucherungen ergeht, indem er als Beweis für seine Grandiosität therapeutische Erfolge diagnostiziert, die die Klienten gar nicht verspüren, so ist auch dies ein Übergriff und insofern Missbrauch der therapeutischen Machtposition.

Missbrauch geht nicht immer mit brachialer Gewalt einher und nimmt, wenn man die gesamte Palette der Methoden einbezieht, mit denen selbstherrliche Therapeuten die Therapie zu ihrer Selbstinszenierung umfunktionieren, erstaunliche Ausmaße an. Diesen Eindruck gewinnt man jedenfalls aus den diesem Buch zugrunde liegenden Berichten über Therapiesituationen. Wissenschaftliche Untersuchungen über Häufigkeit und Folgen der verschiedensten Formen des Therapiemissbrauchs gibt es kaum.

Dabei können die Folgen des nichtsexuellen Missbrauchs in der

Psychotherapie ähnlich gravierend sein wie die des sexuellen Missbrauchs – wie die Erfahrungen der Klienten zeigen, die emotionale Grenzüberschreitungen erlitten haben. Viele von ihnen haben einen massiven Einbruch ihres Selbstwertgefühls erlitten, Depressionen, körperliche Symptome und Selbstmordgedanken gehabt.

So wie sich Klientinnen, die in der Therapie sexuell missbraucht wurden, oft die Frage gefallen lassen müssen, warum sie die Therapie nicht abgebrochen hätten, so werden auch Klienten, die auf andere Weise geschädigt worden sind, immer wieder mit diesen Fragen konfrontiert: Sind Sie nicht selbst schuld? Warum lassen Sie sich das gefallen?

Die Antwort liegt in dem Machtgefälle, das das Verhältnis Therapeut–Klient prägt: Der Therapeut als der «Wissendere» und «Stärkere» hat die Macht. Für die Klienten sind die Möglichkeiten der Gegenwehr in diesem Verhältnis sehr gering. Selbst wenn Klienten die Problematik spüren und sich trauen, das zu thematisieren, laufen sie Gefahr, damit nicht durchzukommen. Therapeuten verfügen qua Rollendefinition über eine Deutungsmacht. Sie können die Gefühle der Klienten jederzeit in ihrem Sinn erklären und definieren – Widerspruch zwecklos.

Die Folgen der subtileren Formen von Therapiemissbrauch werden in den meisten Veröffentlichungen zum Thema «Missbrauch in der Therapie» nur am Rande gestreift. Trotz ihres Ausmaßes werden sie – wenn überhaupt – als Vorfeld eines eigentlichen Missbrauchs interpretiert und häufig nur in diesem Zusammenhang untersucht.

Dass die ausschließliche Konzentration auf den sexuellen Missbrauch der gesamten Bandbreite der Missbrauchsthematik nicht gerecht wird, hat sich auch bei der Entstehung dieses Buchs gezeigt: Die therapiegeschädigten Männer und Frauen (alle Namen wurden von mir anonymisiert), die mir im Laufe der Zeit ihre Geschichten erzählt haben, kennen fast alle das Gefühl, unverstanden, nicht ernst genommen, allein und selbst schuld zu sein. Wenn ihnen dieses Gefühl mit diesem Buch etwas genommen werden könnte, würde mich das freuen.

«Alles ist therapeutisch gedeckt» –

Die Geschichte einer Therapie

«Habt das Leben, habt es in Fülle!» steht in großen bunten Buchstaben auf dem Bettlaken, das im Garten des einsam gelegenen Gutshofes weht. Fremde kommen hier nur selten vorbei, und den Bewohnern des vier Kilometer entfernt liegenden Örtchens O. ist das Treiben in dem alten, feudal restaurierten Hof ohnehin suspekt: Der Dorfwirt sagt, ein «Professor» solle es sein, der das Anwesen vor Jahren vom Grafen gepachtet habe. In der Woche stehe der Hof überwiegend leer, aber spätestens am Freitagabend reisen oft mindestens 20 Personen an, deren Verhalten gewagte Vermutungen aufkommen lässt. «Da geht die Post ab», sagen die Dorfjugendlichen, die aus Langeweile ab und zu spätabends einen heimlichen Blick durch die Ritzen der Jalousien riskieren. Die Erwachsenen tippen auf eine amerikanische Sektengemeinschaft, denn bei Ankunft wird immer eine Art amerikanische Flagge gehisst. Die knappen Kostüme der Damen und die Krawatten der Herren passten allerdings nicht so recht in das Bild, das man sich hier auf dem Lande von Sektenanhängern macht. Sehen die Fremden nicht eher wie Sparkassenangestellte mit Karriereabsichten aus? Aber warum turnen die halb bekleidet in einem nur mit Kissen möblierten Zimmer herum und stoßen dabei diese merkwürdigen Geräusche aus – finden hier womöglich Tantra-Kurse statt?

Später haben die Dorfbewohner dann erfahren, dass es keine Sexorgien waren, sondern Psychotherapie. Der «Professor» sei ein bekannter Psychotherapeut aus M. und in dem alten Gutshof fänden regelmäßig Wochenendveranstaltungen und therapeutische Wochen statt. Das klang immerhin seriös, auch wenn man nicht so genau wusste, um was für Therapien es sich handelte. Anne O. ist an einem der Therapiewochenenden im Herbst 1991 aus diesem Gutshof in O. geflohen. Morgens um halb fünf schlich sie sich aus dem Haus, suchte ihre Reisetasche, die sie abends zuvor heimlich gepackt und aus dem Fenster geworfen hatte, und lief fünf Kilometer – zunächst durch den Wald, später über die Landstraße – in den Ort.

«Ich hatte totale Angst. Ich hatte Angst, dass mich irgendjemand aufhalten und ich doch wieder einen Rückzieher machen würde, und ich hatte Angst, durch den stockdüsteren Wald zu laufen. Jedes Mal, wenn ein Auto kam, bin ich in den Graben gesprungen, weil ich dachte, dass es einer aus der Gruppe ist. Im Dorf habe ich in einer Telefonzelle ein Taxi gerufen. Ich habe mich hinter einem Baum versteckt, weil die Telefonzelle so hell war und ich die ganze Zeit Angst hatte, dass sie mich zurückholen.»

Mit ihrer Flucht zog sie einen Schlussstrich unter eine Therapie, die sie vor fünf Jahren ahnungslos begonnen hatte. Alles, was sie damals wusste, war, dass die psychotherapeutische Praxis in M. etwas ganz Besonderes sei. An Fakten war sie nicht sonderlich interessiert. Sie hätte Ausführungen über «Gestalttherapie mit bioenergetischen Elementen» ohnehin nicht einzuordnen gewusst, hätte aber auch nicht gefragt, denn um keinen Preis wollte sie sich mit ihrem therapeutischen Nichtwissen blamieren. Stand nicht schon der Name des Praxisgründers für Qualität? Man konnte doch geradezu dankbar sein, wenn man einen Therapieplatz in dieser renommierten Praxis bekam.

In diesem Sinne war das Erstgespräch für Anne ein voller Erfolg: Man machte ihr den Einstieg leicht, sie fühlte sich sofort gut aufgehoben und die freundlich-verbindliche Atmosphäre in der Praxis tat ihr gut. Stil und Ambiente der Räumlichkeiten signalisierten Seriosität und der Praxisablauf erschien ihr professionell und perfekt organisiert. Und auch als sich herausstellte, dass der Therapeut, der sie empfing, nicht der bekannte «Meister» persönlich, sondern einer seiner Mitarbeiter war, kamen keine Zweifel auf. Sie zögerte nicht lange und unterschrieb einen Vertrag über zehn Stunden Einzeltherapie.

Die folgenden Therapiestunden sah Anne schon bald eher als Aufwärmübung denn als richtige Therapie an, nachdem sie durch einen bezahlten Nebenjob im Rahmen der Praxis Einblicke in die Gepflogenheiten des «*inner circle*» bekam: Eine fortgeschrittene Therapiegruppe fuhr zu einer Abschlusswoche mit ihrem Therapeuten in die Toskana und stellte Anne als Betreuerin für einen Säugling an, dessen Mutter Mitglied dieser Gruppe war. In ihrer Doppelrolle als neue Klientin einerseits und bezahlte Arbeitskraft andererseits fühlte sich Anne geschmeichelt über das ihr entgegengebrachte Vertrauen und die damit verbundene Chance, eine ganze Italien-Woche lang und ohne dafür zahlen zu müssen mit den Therapeuten und den «erfahrenen» Klienten verbringen zu dürfen. Sie war stolz darauf, bei einem Vorbereitungstreffen nicht nur in ihre Aufgaben als Kinderfrau, sondern auch in die «Verhaltensregeln» für Therapiefahrten eingewiesen worden zu sein. Die Gruppenmitglieder fuhren nur mit einem Teil des «Teams» ohne den «ersten» Therapeuten in zwei Kleinbussen, die durch Walkie-Talkie verbunden waren. Alle zwei Stunden fanden Meditationspausen und Vorbereitungsübungen auf das Thema der Abschlusswoche statt. Dies hatte der Therapeut so angeordnet, er selbst kam mit dem Flugzeug hinterher.

Als Anne mit der Gruppe zwei Tage später am Flughafen in Pisa war, um dem Therapeuten einen gebührenden Empfang zu bereiten, erlebte sie das erste Mal, welche Bedeutung seiner Person zukam:

«Wir standen pünktlich am Flughafen und der Therapeut kam nicht. Die Gruppe war völlig aus dem Häuschen. Nachdem mehrere Maschinen gelandet waren, fingen einige an zu weinen und meinten sogar, das wäre zur Strafe für sie.»

Auch als sie erfuhren, dass Bodennebel der Grund für die dreistündige Verspätung war, war dies erneut Anlass für Spekulationen, denn für die Insider verbreitet jemand «Bodennebel», wenn er das wahre Selbst verbergen will. Anne begann darüber nachzudenken, wie einfach ihr Denken doch bisher gestrickt gewesen war. Während ihr bei dem Wort Bodennebel nur die Wetterverhältnisse eingefallen waren, ließen sich ihre Mitreisenden mit psychologisch klingendem Fachvokabular über die möglichen «tieferen» Gründe für die Verspätung ihres Therapeuten aus. Diese Dimensionen waren Anne bisher verborgen gewesen. Es schien ihr, als gebe es im Zusammenhang mit dieser Therapie überhaupt keine banalen Ereignisse mehr, weil allem eine tiefere Bedeutung zukam. Für Anne Grund genug, auf die therapiegeschulte Gruppe doppelt neugierig zu sein.

Auch wenn sie sich als Kinderfrau während der folgenden Tage oft als Außenseiterin fühlte, bereute sie nicht, mitgefahren zu sein. Einmal hatte der Therapeut der Gruppe eine Aufgabe zugeteilt und war mit ihr ins Dorf zum Einkaufen und Kaffeetrinken gefahren. Sie konnte es kaum fassen: Was für eine Auszeichnung!

So hatte sich, davon war Anne überzeugt, der Toskana-Aufenthalt, auch was ihre eigene Therapiezukunft anging, gelohnt. Sie hatte eine Menge persönliche Kontakte zu der Gruppe und zu dem Therapeutenteam geknüpft und war ganz beseelt von dem Gefühl, in das besondere Flair der Praxis eingetaucht zu sein. Nicht zuletzt hatte sie bei den gemeinschaftlichen Abendessen und den Partys viel Spaß gehabt – jedenfalls mehr als zu Hause in ihrer kaputten Ehe. Somit stand ihr Entschluss fest, so schnell wie möglich selbst in eine Gruppentherapie zu gehen.

Den Therapeuten Peter G., der Annes Gruppe leitete, kannte sie bisher nicht. In der Rangfolge unter den Praxismitarbeitern, die auch für Nichteingeweihte spürbar war, hatte er allerdings einen führenden Platz. Ein Kriterium, das Anne nicht unwichtig war, denn sie wusste, dass das eigene Ansehen unter den Klienten mit davon abhing. Bei dem Leiter der Praxis in Therapie zu sein, davon hätte sie nicht einmal zu träumen gewagt, denn das war ein Privileg, das nur Auserwählten vorbehalten war.

Zu Annes Gruppe gehörten insgesamt neun Männer und neun Frauen. Ihre Gründe für eine Therapie deckten die ganze Bandbreite seelischer Probleme von allgemeiner Unzufriedenheit bis zum Alkoholismus ab. Sie alle einte jedoch der Wunsch nach Hilfe und das erhebende Gefühl, bei der ersten Adresse für Psychotherapie gelandet zu sein.

Schon die Erfahrungen der ersten Therapiestunden bestätigten sie in diesem Glauben. Mit einer Mischung aus Bhagwan-Meditation, bioenergetischen Übungen und Elementen aus der Gestalttherapie schlug das Programm in ihrem Seelenleben wie eine Bombe ein. Besonders die «dynamische Meditation», eine festgelegte Abfolge von Bewegung, Tanz, Ruhe und Hecheln bis zur Hyperventilation, löste bei ihnen heftige körperliche und seelische Reaktionen aus:

«Wenn wir die dynamische Meditation hinter uns hatten, waren alle total aufgeputscht und energiegeladen. Danach haben wir oft Körperübungen gemacht, mit denen wir an die Grenze unserer Leistungsfähigkeit kamen. Wir mussten z. B. stundenlang in einer Position stehen und wenn wir nicht mehr konnten, wurden wir angeschrien: Weitermachen! Das ging so lange, bis die halbe Gruppe am Boden lag und wimmerte. Eine Übung hieß ‹Verlass mich nicht›. Dabei liegt einer auf dem Boden und streckt wie ein Baby die Arme und Beine in die Luft. Nach 10 bis 20 Minuten tut das körperlich weh, aber man muss sagen: ‹Bitte verlass mich nicht.› Der andere sagt nichts dazu, guckt den unten Liegenden nur an, circa eine halbe Stunde lang. Dann legt er ihr oder ihm die Hände auf die Schultern und sagt: ‹Ich gehe jetzt.› Das ist in dem Moment grauenhaft und tut sehr weh, weil man sich gefühlsmäßig total darauf einlässt. Man fühlt sich durch diese Körperübung so hilflos wie ein kleines Kind.»

Wenn mehrere Mitglieder aus Annes Gruppe weinten oder kurz vor dem Zusammenbruch standen, sah sie dies als Zeichen für die Wirksamkeit der therapeutischen Methode. «Sich spüren» war das erklärte Ziel, das mit Körperübungen, die für Hochleistungssportler geeignet gewesen wären, erreichbar schien. Zitternde Muskeln und weiche Knie eröffnen schneller die verborgenen Winkel der Seele, und so brachen auch bei den härter Gesottenen aus Annes Gruppe längst vergessene Gefühle aus. Diese erleben zu können galt als besonderer Verdienst des Therapeuten, hatte doch jeder schon einmal von Klienten aus anderen psychotherapeutischen Praxen gehört, bei denen sich trotz monatelanger Sitzungen kaum etwas bewegt hatte. Wie anders sah es dagegen hier aus. Und wenn sich bei vereinzelten Klienten trotz der Übungen nichts bewegen wollte, half der Therapeut tatkräftig nach – für die persönliche «Grenzerweiterung» ließ man es gerne geschehen.

Anne ließ sich, wie fast alle ihrer Gruppe, im tiefen Vertrauen auf die schützende Hand des Therapeuten auch auf traumatischste Gefühlserlebnisse ein. Je tiefer sie fiel, davon war sie damals überzeugt, umso reicher würde sie belohnt werden.

Tatsächlich empfand sie im Rausch der neuen Gefühle neben Momenten tiefster Trauer auch ein fast euphorisches Glück. Nicht nur der Glaube an die Macht des Therapeuten, sondern auch das intensive Gruppengefühl gaben ihr Wärme und eine bisher ungeahnte Kraft und Energie.

«Wir waren wie eine verschworene Gemeinschaft. Jeder verstand den anderen und wenn es jemandem dreckig ging, dann kam sofort einer und signalisierte dir: ‹Da bin ich, du kannst mit mir reden, komm in meine Arme!› Und das hat doch jeder gern. Da tut man doch alles, um dazuzugehören. Ich hatte das Gefühl, in einer anderen Welt zu sein. Da gab es keinen Hass und Neid.»

Innerhalb kürzester Zeit war die Gruppe für Anne wichtiger als ihr bisheriger Freundes- und Bekanntenkreis. Dafür hatten allerdings nicht nur die wöchentlichen Termine in der Praxis, sondern auch die mindestens ebenso häufigen privaten Treffen gesorgt. Fast jedes Wochenende fand eine gemeinsame Feier statt, jeder

Geburtstag war Anlass für ein rauschendes Fest. Später kamen noch Einladungen von anderen Gruppen hinzu. Anne genoss das neue Lebensgefühl, das im krassen Gegensatz zu ihrem bisher materiell eher puritanisch-bescheidenen Lebensstil stand, und passte sich in Kleidung und Stil rasch den allgemeinen Gepflogenheiten an: Schließlich stand nicht nur die gehobene Stimmung, sondern standen auch das exquisite Essen, die edlen Getränke und eine ausgesuchte festliche Kleidung unter dem therapeutisch sinnhaften Motto: «Das sind wir uns wert.»

Ein Motto, das wie ein Leitmotiv über Annes neu erwachendem Selbstbewusstsein stand, und sie blühte förmlich auf. Natürlich war sie es wert, für viel Geld in Therapie zu gehen, und auch die neue Kleidung, die teure Frisur und die vielen Partys war sie wert. Es war ein schönes Gefühl, das ihr der Therapeut und ihre Mitklienten gaben und das sie letztendlich umso stärker an die Gruppe band.

Die Anerkennung durch den Therapeuten hatte allerdings, auch das war Anne schnell klar, ihren Preis: bedingungslose Loyalität gegenüber der Praxis, der Therapie und seiner Person. Kritik an der therapeutischen Vorgehensweise war nicht gewünscht, wer sich dieser Regel widersetzte, sah sich einer erbarmungslosen Analyse seiner Persönlichkeitsstruktur ausgesetzt. Den aufmüpfigen Klienten wurden «Therapiewiderstände» attestiert, andere wurden beschimpft, beleidigt, bekamen Sonderaufgaben zugeteilt oder wurden mit allen möglichen Formen von Liebesentzug bestraft.

Anne gehörte zu der weitaus größeren Gruppe, die sich für die bedingungslose Annahme der therapeutischen Richtlinien entschied. Auch wenn es ihr zuweilen schwer fiel, so nahm sie doch ohne ernsthafte Vorbehalte auch an schwierigeren Therapieübungen teil. Eine dieser Übungen, die zum Standardprogramm gehörte, stand unter dem Motto «Schamarbeit». Ziel sei es, dass sich die Klienten von ihren «Introjekten», den negativen Zuschreibungen aus ihrer Kindheit, befreiten.

Wir trafen uns mit der Gruppe in der Stadt, sind durch die Fußgängerzone gezogen und haben wildfremden Leuten Sätze an den Kopf geschmissen wie zum Beispiel: ‹Hat deine Mama dir nicht gesagt, dass du dir den Mund abwischen sollst?› Jeder hatte seinen eigenen Satz, nämlich den, den er in seiner Kindheit oft zu hören bekommen hat. Das war uns schon manchmal peinlich, aber wir haben's trotzdem alle gemacht. Meistens gingen zwei Leute aus der Gruppe hinter dem ‹Schimpfer› her. Der hatte dann das Gefühl, nicht allein zu sein, und außerdem konnte man sich auf diese Weise kaum drücken.

Nicht weniger Aufsehen erregend, aber umso stärkender für das Selbstbewusstsein sollte folgende Übung sein:
«Unsere Aufgabe lautete, in irgendeine Stadt zu fahren, in eine Disco zu gehen und einen Unbekannten ganz offensiv anzumachen, d. h., einem wildfremden Mann oder einer Frau zu sagen – nicht zu fragen –, dass man mit ihm oder ihr schlafen will!»

Für Anne war diese Übung ein Misserfolg, weil sie nicht den Mut zu der Frage aufgebracht hat. «Vor manchen Übungen haben wir wirklich Angst gehabt, aber wenn wir es geschafft haben, waren wir stolz.»

Stolz waren die zum überwiegenden Teil akademisch vorgebildeten Klienten dieser Therapie, weil es darum ging, sich von überkommenen Normen zu befreien. Dazu gehörte auch, jegliche Hemmungen gründlich abzubauen. Alles, was Anne und den anderen früher peinlich erschienen war, wurde von dem Therapeuten als Introjekt aus der Kindheit und als überflüssige Einschränkung der individuellen Freiheit definiert. Wem das Niederreißen der einengenden Hemmschwellen gelang, gewann die Anerkennung des Therapeuten und der Gruppe. Sich nicht mehr zu schämen bedeutete schließlich, aufrichtig und ehrlich gegenüber sich selbst und nicht mehr von der Meinung anderer abhängig zu sein.

Mit den «anderen» war in der Regel das bisherige soziale Umfeld, in Annes Fall der Ehemann, die Eltern und die Freunde, gemeint. Die brachten erwartungsgemäß wenig Verständnis auf, was Anne nur darin bestärkte, sich an die goldene Regel der Praxis zu halten, niemals von der Therapie zu erzählen:

«Ein Satz, den wir ins Therapietagebuch diktiert bekommen haben, hieß: ‹Sprich nicht mit dir oder mit anderen über die Erfahrungen deiner Therapie!› Das war hart, weil diese Erlebnisse uns sehr beschäftigten, aber uns wurde immer wieder gesagt, die anderen könnten das sowieso nicht verstehen. So hatten wir eben das Gefühl, als Klienten dieser Praxis was Besonderes zu sein.»

Annes Kontakte zu ihrer bisherigen Umwelt schliefen im Laufe der Zeit allmählich ein, die privaten Beziehungen innerhalb der Gruppe nahmen immer mehr an Bedeutung zu. Vor allem die gemeinsamen Therapiewochenenden.

Die im Abstand von zwölf Wochen anberaumten Wochenenden in dem Gutshof in O. sowie die etwa zur Halbzeit geplante «Mittelwoche» waren für die meisten Klienten die wahren Höhepunkte der Therapie. Dementsprechend sorgfältig wurden sie geplant: Die Therapeuten schrieben nicht nur die Einkaufsliste (Lebensmittel vom Feinsten, alkoholische Getränke, Zigaretten, Blumenschmuck etc.) vor, sondern bestimmten auch, wer mit wem in einem Zimmer schlafen sollte und welche Kleidung mitzubringen war. Die Gruppenmitglieder bekamen feste Aufgaben zugeteilt: Einige wurden für den Küchendienst eingeteilt, andere hatten Einkaufs- oder Putzdienste zu übernehmen. Zusätzlich fielen in dem alten Haus immer wieder Garten- und Renovierungsarbeiten an. Und selbst den Klienten, die zu Hause jeden Handgriff scheuen, erschienen diese Aufgaben eher als Auszeichnung denn als lästige Pflicht. Statt darüber nachzudenken, dass der finanzielle Nutzen der Arbeitseinsätze natürlich dem Therapeuten zugute kam, legten die Gruppenmitglieder bereitwillig neue Beete an oder tapezierten den Gruppenraum.

Der Tagesablauf der Gruppenwochenenden war von einem gleichbleibenden Schema bestimmt: Morgens wurden sie von dem «Weckdienst» mit Kaffee und Küsschen aus dem Bett geholt, danach gab es dynamische Meditation. Nach dem Frühstück fing die eigentliche therapeutische Arbeit an.

«Manche Gruppensitzungen dauerten sechs bis acht Stunden, bei denen man stillsitzen musste und nicht zwischendurch auf die Toilette gehen durfte. Wenn jemand zur Toilette musste, hieß es: ‹Deine Blase hält das länger aus, als du glaubst.› An manchen Tagen mussten wir stundenlang in einer Position stehen und durften nicht aufhören, auch wenn schon alles wehtat. Wer durch den Schmerz geht, hieß es immer, kommt zu neuen Erfahrungen. Das Ganze ging so lange, bis irgendjemand kotzte, und zwar in einen Eimer, vor der ganzen Gruppe. Manchmal wurde hinterher darüber geredet: ‹Guck dir an, was du da ausgekotzt hast.› Natürlich kamen dabei viele Gefühle hoch …

Oft dauerten die Therapiesitzungen bis spätabends. Gegessen haben wir zwischendurch nichts, es gab höchstens mal einen Kaffee. Am Ende waren wir körperlich völlig ausgelaugt.»

Doch der Abend war noch lang: Das gemeinsame Essen wurde an festlich gedeckten Tischen und in Abendgarderobe stilvoll inszeniert, die Therapeuten waren selbstverständlich dabei. Die Menüabfolge war in starkem Maße davon bestimmt, ob der Therapeut gerade eine bestimmte Diät einhielt.

Bestimmt wurde auch, was die Gruppe trank. Zu jedem Abendessen gab es den zum «Hausgetränk» stilisierten Aquavit «Linie» nach einem immer wiederkehrenden Ritual: Der «Mundschenk» musste mit der Flasche um den Tisch gehen und Klienten und Therapeuten mit vorgeschriebener Körperhaltung bedienen und anschließend küssen. Wenn ein Handgriff danebenging oder ein Tropfen zu viel eingegossen worden war, musste die Prozedur wiederholt werden, was den Alkoholkonsum unweigerlich in die Höhe trieb.

Mit Anstieg des Alkoholpegels kam bei den nächtlichen Partys vor allem dann eine Bombenstimmung auf, wenn Striptease angesagt war. Zu spezieller Musik zogen sich Mitglieder unserer Gruppe abwechselnd auf dem Esstisch aus, Therapeuten und Gruppenmitglieder standen dabei und feuerten sie an.

Sexuelle Kontakte unter den Gruppenmitgliedern waren Normalität: «Eine der spannendsten Fragen an den Wochenenden war, wer mit wem die Nacht verbracht hatte.»

Schamgefühle innerhalb der Therapiegruppe waren verpönt, Nacktsein gehörte zum therapeutischen Programm. Auch das gemeinschaftliche Benutzen der Bäder und Toiletten erklärten die Gruppenleiter zu einem therapeutischen Ziel und es sollte wohl auch kein Zufall sein, dass die Türen nicht verschließbar waren. Anne erinnert sich, dass vor allem die Frauen heimlich in den Wald gingen – die Therapeuten wurden in dieses Geheimnis nicht eingeweiht. Zum privaten Rückzug und vor allem zum Schlafen hatte Anne an diesen Wochenenden nur wenig Zeit, aber sie kehrte von den Wochenenden keinesfalls müde oder abgeschlagen nach Hause zurück, im Gegenteil:

«Ich fühlte mich voller Power, hatte irgendwie das Gefühl, einen Meter über der Erde zu schweben. Das Gefühl kam daher, dass ich die ganze Zeit mit der Gruppe und den Therapeuten zusammen war und so viel Liebe bekam. Und durch diese bioenergetischen Übungen, die bis zum Exzess durchgeführt wurden, beide Komponenten haben wohl dieses Hochgefühl ausgelöst.»

Mit ihrem privaten Leben kam Anne allerdings immer weniger zurecht. An einem der Wochenenden hatte der Therapeut die Aufgabe «Elterntrennung» gestellt. Nach einer rituellen Abschiedszeremonie sollte der Kontakt zu den Eltern, zunächst auf ein Jahr befristet, unterbrochen werden, selbst Telefongespräche waren nicht erlaubt. In ihr Therapiebuch schrieb sie damals die diktierte Begründung: «Abschied nehmen heißt, die Dinge von ihrer subjektiven Bindung zu entkoppeln. Ich verbrauche meine Energien nicht in Unerledigtes, kann in der Gegenwart sein und bei mir.»

Annes Vater nahm die «Bindungsentkoppelung» seiner Tochter jedoch nicht ohne Protest hin und suchte das Gespräch mit dem Therapeuten. Eine Antwort bekam er nicht, dafür aber ausdrückliches Hausverbot in der Praxis.

Auch die anderen hielten sich an das Trennungsgebot und räumten mit mehr oder weniger lieb gewonnenen Gewohnheiten auf. «Sicherheiten» aufgeben zu können und etwas Neues zu beginnen galt als therapeutischer Erfolg und zu diesen Sicherheiten gehörte nicht nur der Elternkontakt, sondern in vielen Fällen auch die Ehe, Partnerschaft und der Beruf. Es sei durchaus üblich gewesen, dass Klienten ihre Lehrerstelle aufgegeben und einen Job in einem der Designerläden, die zum Umfeld der Praxis zählten, angenommen hätten. Äußerlich zeigten sich die therapeutischen Fortschritte bei fast allen in einem veränderten Kleidungsstil. Auch Anne passte sich der herrschenden Vorliebe für teure und damenhafte Kleidung an und legte sich ein Kostüm, hochhackige Schuhe und Schminke zu. Die Bestätigung, die sie von ihrem Therapeuten bekam, war ihr das Geld wert.

Sorgen über die finanzielle Belastung durch die Therapie verdrängte sie, so gut es ging. Allein die Therapiewochenenden kosteten sie jeweils ca. 180 DM, für Verpflegung, Alkohol und die obligatorischen Blumen kamen nochmals ca. 70 DM pro Person dazu. Die Kosten für die Mittel- oder Abschlusswoche beliefen sich auf ca. 900 bis 1000 DM. Da auch der Preis für den neuen Lebensstil ihre finanziellen Möglichkeiten bei weitem überstieg, war eine gewisse, in der Therapie erworbene Sorglosigkeit die Voraussetzung dafür, sich wohl fühlen zu können. Finanzielle Argumente galten nämlich nicht, denn Sparsamkeit setzte man mit «inneren Blockaden» gleich und um diese abzubauen, war man ja schließlich hier.

Anne konnte sich die demonstrative finanzielle Großzügigkeit unter anderem nur deshalb leisten, weil sie immer wieder einen Nebenjob als Babysitterin von Klientenkindern annahm.

So lebte sich Anne immer mehr in ihr neues, therapiegeprägtes Leben ein, zumal ihre Ehe mittlerweile endgültig zerbrochen war. Die Tochter lebte bei ihrem Mann, und soziale Kontakte waren inzwischen fast ausschließlich auf Therapiekreise beschränkt. Und so war es für sie eine Selbstverständlichkeit, dass sie nach Abschluss der ersten zwei Jahre Gruppentherapie weitermachen wollte.

Im Verlauf ihrer zweiten Gruppentherapie passierte es dann, dass ihr bedingungsloses Vertrauen in den Therapeuten Peter G. einen tiefen Riss bekam: Es war Vatertag und die Frauen aus der Gruppe hatten sich etwas ganz Besonderes ausgedacht. Aus blauen Müllsäcken hatten sie sich Kostüme geschneidert und erschienen nun, etwas knapp verhüllt in blauem Plastik, aber äußerst vergnügt, zur Gruppentherapie. Der Therapeut setzte das Verkleidungsspiel umgehend in eine Selbsterfahrungsübung um und für Anne wurde aus Spaß bitterer Ernst:

«Jedes sich gegenüberstehende Paar sollte etwas aus der Situation machen – eigentlich eine typische Therapiesituation. Einzige Bedingung war, uns ohne Worte verständlich zu machen. Ich kannte den Mann, mit dem ich die Übung machte, sehr gut und dachte, der versteht bestimmt, was ich will und was nicht. Aber dann tickte der Typ plötzlich aus und fing an, meinen Müllsack zu zerreißen. Ich stand in Unterwäsche da, alle anderen waren angezogen, die Männer sowieso. Ich hatte plötzlich das Gefühl, in einem Schaufenster zu stehen. Er hat mich an sich gezogen und ich habe mich mit aller Kraft gewehrt. Irgendwann bin ich auf den Boden gefallen. In einer Ecke lagen Kissen und Matratzen und dahin hat er mich gezogen. Meine Knie und Ellenbogen waren blutig vom Teppichbrand und ich dachte immer nur: Das kann nicht sein, es ist doch völlig klar, dass ich das nicht will. Schlagen konnte ich diesen Mann nicht, reden durfte ich nicht. Aber es waren ja 20 Leute im Raum und ich dachte, bevor mir etwas geschieht, wird schon jemand eingreifen. Der Therapeut stand die ganze Zeit dabei und hat immer nur gesagt: ‹Mach, mach, mach weiter, mach dich deutlich, du musst dazu stehen!› Ich wusste nicht, ob er mich oder den Mann meinte. Mir zu helfen hat sich keiner getraut. Vielleicht waren sie fasziniert von diesem Schauspiel oder sie haben gedacht, dass alles therapeutisch gedeckt sei, es waren ja immerhin drei Fachleute im Raum.

Auf einmal war es ganz still. Ich stand aufrecht, halb nackt, der Mann kniete vor mir, da war auf einmal ein Schnitt. In der Runde wurde dann diskutiert und zu diesem Mann hat der Therapeut gesagt: ‹Du bist ein Vergewaltiger, guck dir mal an, was du damit machst.› Zu mir hat er gar nichts gesagt. So, als hätte das mit mir nichts zu tun. Später bin ich dann total wütend und unsicher geworden.

Ich bin in die Therapie gegangen, weil es mir damals sehr schlecht ging und weil ich professionelle Hilfe erwartet hatte. Ich dachte, dass Therapeuten anders mit Gewalt umgehen. Ich hatte in der Vergangenheit Gewalt erfahren und dachte, so etwas kann mir in dem geschützten Rahmen von Therapie nie wieder passieren. Keiner hat jemals mit mir darüber gesprochen, so, als wenn nichts passiert wäre. Ich habe mich auch noch selbst infrage gestellt ...»

Nach diesem Ereignis schottete sich Anne Stück für Stück von dem Gruppenleben ab, das schon deshalb nicht mehr ihrem Lebenswunsch entsprach, weil sie inzwischen allein erziehende Mutter einer zweiten Tochter war. Auch die starke finanzielle Belastung wurde ihr zunehmend zu einem unüberwindbaren Problem. Als sie für längere Zeit krank wurde und nicht an den Gruppensitzungen teilnehmen konnte, fühlte sie sich von den psychologisierenden Erklärungen («Du sagst nein zu dir und nein zu deiner Therapie») unnötig unter Druck gesetzt.

Ihr Entschluss, endgültig zu gehen, fiel an einem Gruppenwochenende, bei dem es um die Vorbereitung der Abschlusswoche ging. Als Ziel hatten sich der Therapeut und die Gruppe das praxiseigene Haus in den USA ausgesucht. Der Preis für die einwöchige Veranstaltung ging weit über das hinaus, was für Anne noch vorstellbar war. Als sie ihre Bedenken äußerte und näher gelegene Ziele vorschlug, geriet sie völlig unter Beschuss. Ihre Kritik wurde als «Therapiestörung» interpretiert und damit gingen gewöhnlich weder die Therapeuten noch die Gruppe zimperlich um.

«Ich fühlte mich ganz alleine mit meiner Position. Aber irgendwann bin ich ganz cool geworden und dann kam mir die Idee, mitten in der

Nacht, wenn alle schlafen, abzuhauen. Ich habe mich ins Bett gelegt und gewartet, bis alle oben waren und schliefen. Dann habe ich mich nach draußen geschlichen und bin nur noch gerannt.»

Entgegen ihren Befürchtungen holten ihre Gruppenmitglieder sie nicht zurück und auch später ließen sie sie in Ruhe. An ihrem Geburtstag kamen einige der früheren Gruppe zu Besuch und erzählten ihr, wie ihr Ausstieg gedeutet worden war:
«In der Gruppe war verbreitet worden, ich hätte Krebs. Das käme daher, dass ich unseren Therapeuten abgelehnt hätte. Das hat reingehauen und da hab ich wieder gemerkt, wie viel Kraft es mich gekostet hat auszusteigen.»

Annes Bilanz:
«Mit Beziehungsproblemen bin ich gekommen, nach fünf Jahren Therapie und über 400 therapeutischen Sitzungen war meine Ehe geschieden, ich hatte das Sorgerecht für meine erste Tochter verloren, stand alleine mit meiner zweiten Tochter da, war total verschuldet und fühlte mich einsamer als jemals zuvor.»

Grenzenlose Therapie

Zwischen Faszination und Risiko

Anne O. ist kein Einzelfall. Ihre Geschichte ist die einer ganz «normalen Klientin», die psychotherapeutische Hilfe sucht. In der Hoffnung, dass der Therapeut als kompetenter Fachmann über Seelenheil nur ihr Bestes will, vertraut sie sich ihm mit ihren Problemen und Schwächen an. Ahnungslos und gutgläubig taucht sie mit Leib und Seele in die therapeutische Welt ein und nimmt die verordneten Rezepte für ein «besseres» Leben im kollektiven Gleichschritt mit der Gruppe bedingungslos an. So wird sie, statt in der Therapie ihren eigenen Weg finden und daran wachsen zu können, in eine vom Therapeuten gewünschte Richtung gelenkt und erlebt eine neue Abhängigkeit.

Einen Missbrauch im Sinne des Gesetzes gab es in Annes Therapiegeschichte nicht. Sexuelle Übergriffe seitens des Therapeuten hat sie nicht erlebt. In einem Ermittlungsverfahren gegen den Praxiskettengründer Klaus M. hätte Anne gerne als Zeugin ausgesagt, sie wurde jedoch – wohl auch, weil sie Klientin eines anderen Therapeuten aus dieser Praxiskette war – nicht befragt.

Heißt das, dass Anne selbst schuld ist an ihrem «Therapiemissbrauch»? Schließlich hat sie die Therapie aus freien Stücken gemacht.

«Es ist schon erschreckend», schreibt das *Zeitmagazin*, «wie widerspruchslos sich Patienten therapeutischen Massnahmen unterwerfen, die einen destruktiven und menschenverachtenden Charakter haben.» Zumal, und das ist nicht nur bei besonders labilen Klienten der Fall, sich gerade die autoritär und auf eine charismatische Leitfigur ausgerichteten Therapieformen außerordentlicher Beliebtheit erfreuen, und zwar bundesweit. Nach Warnungen nahmhafter Therapieforschern, u. a. von Alice Miller, scheint dies ein deutlich zunehmender und in seiner Gefahr nicht zu unterschätzender Trend auf dem Psychomarkt zu sein. Eine direktiv und kultorientierte Therapie übt nicht nur eine besondere Faszination auf eine breite, sondern auch – wie hier – auf eine akademisch gebildete Wohlstandsklientel aus. Die Nachfrage nach «Sinnverkäufern» bestehe nicht nur «bei labilen Personen mit überdauernden Schwächen in der Persönlichkeitsstruktur oder bei Personen in entwicklungsbedingten Krisenzeiten, Pubertät, Selbstfindung in den 20ern oder Midlife-Crisis», stellt auch Detlef Poweleit fest. Vermehrt griffen Personen das Angebot auf, die «auf den ersten Blick psychisch stabil, intelligent, analytisch begabt und karriereorientiert sind. Ihre Motive: Sie wollen persönliche Grenzerfahrungen machen, beruflichen Anforderungen genügen können und letztendlich Erfolg in unserer Erfolgsgesellschaft haben.» Eine Erfahrung, die die wenigen offiziellen Beratungsstellen bestätigen: Sowohl der Arbeitskreis gegen Missbrauch und Grenzverletzung in der Therapie und Ausbildung in Münster als auch der Verein VESUV in Köln mussten feststellen, dass Beispiele von Therapiemissbrauch mittlerweile Rekordzahlen erreichen. Der Verdacht liegt nahe, so ihr Fazit, dass immer mehr Betreiber kleinerer Praxen die grenzüberschreitenden Methoden der größeren Praxen kopierten.

Worin die Faszination dieser Therapien liegt, ob sie womöglich in den Grenzüberschreitungen begründet ist, werden die folgenden Kapitel untersuchen.

1. Grenzüberschreitungen bei Beginn einer Therapie

«Ich war gerade dabei, mich nach fünf Jahren von meinem Freund zu trennen, an dem ich immer noch sehr hing. Das habe ich meiner Freundin erzählt, die gerade eine Therapie machte und mir sagte: «Mach doch auch 'ne Therapie, das wird dir gut tun.» Sie hat für mich in ihrer Praxis einen Termin gemacht und mich dahin gefahren. Ich kannte weder den Therapeuten noch seine Praxis, hatte nur gehört, dass es 'ne tolle Praxis sei, die leider aber auch teuer sein sollte. Und plötzlich war ich mittendrin. Ich hatte mich gar nicht besonders bemüht.»

So beginnt Beate K.s Therapiegeschichte. Auch sie war fünf Jahre in Therapie, bevor das traumatische Ende kam: Beate machte, nachdem sie «völlig den Boden unter den Füßen verloren und tagelang das Gefühl gehabt hatte zu fliegen», einen Selbstmordversuch und kam für eine mehrmonatige Behandlung in die Psychiatrie.

So einschneidend die Psychotherapie das Leben von Beate K. und auch Anne O. veränderte, so beiläufig und harmlos war der Beginn. Zynisch formuliert, war es ein durchschnittlicher Therapieeinstieg unserer Zeit, der die typischen Merkmale der seit den späten Siebzigern bis heute boomenden Therapiewelle aufweist:

1.
Auslöser für die Suche nach therapeutischer Hilfe ist ein Beziehungsproblem. Ohne dass die dadurch ausgelöste seelische Belastung infrage gestellt werden soll, ist doch festzustellen, dass 20 Jahre vorher wahrscheinlich niemand auf die Idee gekommen wäre, mit einem derartigen Problem in Therapie zu gehen. Aber Ende der achtziger Jahre greift Beate auf die Hilfe zurück, die in ihrem sozialen Umfeld nahe liegend und in ist. Mit dem Ende der Flower-Power-Bewegung der siebziger Jahre galt es vor allem in akademischen Kreisen als chic, über die Probleme der Mitmenschen «ein Stück weit betroffen» zu sein. Statt persönliche Hilfe

anzubieten, hatte man die Adresse eines gerade angesagten Therapeuten parat. Von anspruchsvoll klingenden Programmen und Theorien geblendet, gab die psychoorientierte Klientel ihren Therapeuten eine große Portion Vertrauensvorschuss. «Sich einlassen» lag im Trend, und ohne zu wissen, was «Gestalttherapie», «Bioenergetik» oder «Focusing» bedeutete, ließ man sich voll ein – im Zweifelsfalle auch gegen den gesunden Menschenverstand und das eigene Gefühl.

Beates Freundin rät ihr zu einer Therapie und übernimmt die ersten organisatorischen Schritte. Sie weiß, was zu tun ist, ist von der zitierten Therapiewelle längst erreicht und mit einem Populärwissen über Psychologie und dem entsprechenden Sprachgebrauch ausgestattet. Ein Paarproblem ist in diesem Umfeld gewöhnlich «Beziehungsunfähigkeit» und wird als «Nähe und Distanz»-Problem diskutiert. Für eine Psychotherapie bieten Beates Probleme hinlängliche Gründe. Herzensangelegenheiten werden gerne an die Fachwelt delegiert und außerdem ist es gut, mal «etwas für sich selbst zu tun».

Der Psychoboom der letzten zwei Jahrzehnte hat zweierlei bewirkt: Zum einen – und das ist der positive Effekt – ist Psychotherapie allmählich vom Makel einer «Behandlung für Verrückte» befreit. Die Chancen einer heilsamen Wirkung seriöser Therapie streitet kaum noch jemand ab, auch wenn sie wissenschaftlich schwer zu belegen sind.

Andererseits hat die Therapiewelle Angebot und Nachfrage auf diesem Sektor erst erzeugt: Unter dem Etikett «Psychotherapie» konnte sich seit den späten siebziger Jahren ein Dienstleistungssektor ausbreiten, der in der allgemeinen Orientierungslosigkeit die individuelle Suche nach sich selbst sowohl gewerbsmäßig auffangen als auch forcieren konnte. Die neue Therapiegläubigkeit hat die Heilserwartungen an eine Psychotherapie deutlich in die Höhe geschraubt. Jetzt gelten Körper und Seele, die Biographie, das gesamte seelische Empfinden, die Beziehungen und das Lebensglück des Einzelnen als «gestaltbar, machbar, reparierbar und veränderbar». Motto: Jeder ist seines Glückes Schmied.

2.
Dem Glauben an die segensreiche Wirkung von Psychotherapie gegenüber steht die allgemeine Uninformiertheit, was Psychotherapie eigentlich ist.

Was die Freundin mit «Mach doch mal 'ne Therapie» meint, ist Beate jedenfalls überhaupt nicht klar. Wie auch: Psychotherapie ist nichts weiter als ein Sammelbegriff, der für die ganze Palette der Heilungsmöglichkeiten der Seele steht. Der Begriff ist – im Gegensatz zu der Berufsbezeichnung, die einen gesetzlichen Titelschutz beinhaltet – gesetzlich nicht geschützt. Das bedeutet, dass auch nach Einführung des Psychotherapiegesetzes jeder Absolvent eines Urschreiseminars Psychotherapie auf dem freien Markt anbieten kann. Im Unterschied zu qualifizierten Therapeuten kann er seine Leistungen allerdings nicht über die Krankenkasse abrechnen. Erschwerend hinzu kommt, dass es über 600 verschiedene Therapiemethoden in Deutschland gibt und keiner überblickt, bei welchem psychischen Problem welche Methode die richtige ist. Konkret bedeutet das: Klienten mit Suchtproblemen, Phobien, Neurosen, Beziehungskrisen oder harmlosen Tricks landen im Zweifelsfalle bei demselben Therapeuten. Übertragen auf den medizinischen Bereich sind solche Zustände unvorstellbar. Noch hält die Psychoszene hier keine befriedigenden Antworten parat.

Es ist nicht verwunderlich, dass Therapiesuchende aufgrund der Unübersichtlichkeit und Beliebigkeit von Therapieangeboten auf den Rat von Freunden und Bekannten hören und dem «Ruf» einer Praxis oder eines Therapeuten vertrauen.

3.

Beates Wissensstand über die verschiedenen Therapiemethoden und die berufliche Qualifikation von Therapeuten ist gleich null, als sie – einzig geleitet von ihrem Gefühl – einen Therapievertrag unterschreibt.

Ihr Beispiel zeigt, dass die Wahl eines Therapeuten von der Verpackungskunst abhängt, mit der «Heilmethoden» verkauft werden, und von dem Charisma, das ein Therapeut ausstrahlt.

«Psychotherapeutische Praxis» steht auf der Marmortafel an der Jugendstilvilla, die Praxis wurde Beate von ihrer Freundin empfohlen. Allein das äußere Erscheinungsbild und das Ambiente der Praxis bestärken sie in ihrem guten Gefühl, in der richtigen gelandet zu sein. Das Empfangsbüro, die elegante Einrichtung, die Blumen, die Tasse Kaffee, die man ihr wie selbstverständlich serviert, und das Verhalten der Sekretärinnen verströmen seriöse Exklusivität. Die Atmosphäre verheißt gehobenen Lebensstandard und positive Lebensphilosophie. Assoziationen an Räucherstäbchen-vernebelte Encounter-Höhlen oder kunstlederne Therapiecouchen unter einem Porträt von Sigmund Freud kommen hier nicht auf. Warum sollte man den hier arbeitenden Menschen nicht vertrauen? Beate lässt sich von der präsentierten Superwelt faszinieren und unterschreibt einen Therapievertrag.

Der an diesem Beispiel dargestellte Therapiebeginn entspricht in keiner Weise den Empfehlungen von Ärzten, Beratern, Informationsbroschüren und Therapieführern. Statt zuverlässige Informationen über die zu erwartende Dauer der Therapie und die zeitliche Belastung, über voraussichtliche Zusatztermine an Wochenenden oder durch Therapiewochen, über eventuelle Therapieregeln und über die zu erwartenden Kosten bekommt Beate Kaffee und «Stimmung». Die nüchternen Fakten – z. B. Zeit und Geld – klammert der Therapeut als Nebensächlichkeiten aus, so als spielten die finanziellen Interessen zu diesem Zeitpunkt keine

Rolle. Beate bekommt bei ihrem ersten Besuch nicht einmal die Person zu Gesicht, der sie sich in Zukunft anvertrauen soll. Therapie findet in dieser Praxis «im Stil des Hauses» statt, d. h. therapeutenunabhängig. Schließlich handelt es sich hier um eine «Institution», die betriebsmäßig organisiert ist. An Beates Grundgefühl, in dieser Praxis in den richtigen Händen zu sein, ändert das nichts.

Seitdem Therapiemissbrauch öffentlich thematisiert wird, diskutiert die Fachwelt verstärkt Mittel und Wege von möglicher Prävention. Umfassende Klienteninformation über Inhalte und Methoden von Psychotherapie, Aufgaben und Pflichten der Therapeuten und Rechte von Klienten stehen hierbei auf Platz eins. Aktuelle Ratgeber und Informationsbroschüren weisen Therapiesuchende immer wieder darauf hin, sich vor Beginn einer Therapie so gründlich wie möglich zu informieren. Dazu zählen Fragen nach der Ausbildung und der methodischen Ausrichtung des Therapeuten ebenso wie nach den äußeren Bedingungen und dem konkreten Ablauf der Psychotherapie. Beispiele hierfür finden Sie am Schluss dieses Kapitels.

Zweifellos sind Klienten, die wissen, welche Kosten, zeitliche Belastung und therapeutischen Regeln auf sie zukommen, weniger Risiken ausgesetzt als diejenigen, die sich uninformiert in eine Therapie begeben. Trotzdem greifen die wohl gemeinten Ratschläge in der Realität oft zu kurz. Sie betonen zwar ausführlich, welche Informationen vor der Wahl eines Therapeuten einzuholen sind, gehen aber eher flüchtig auf die Frage ein, wie diese Informationen zu beschaffen sind. Bereits an diesem Punkt entsteht bei der Suche nach der geeigneten Therapie oft das erste Defizit: Zwar bieten einige wenige Beratungsstellen und Psychotherapieführer (s. a. Literatur und Anhang) grundlegende Informationen an, beschränken sich allerdings in aller Regel auf die Zusammenfassung von gebräuchlichen Methoden innerhalb der Psychotherapie. Dass selbst die Fachwelt über die Vor- und Nachteile der unzähligen

Therapierichtungen zerstritten ist, relativiert den Informationswert zusätzlich. Wie soll ich als Laie wissen, welche Therapie für mich die richtige ist? Bevorzuge ich nur deswegen eine Gesprächstherapie, weil ich mich vor Körperarbeit drücken will? Ist eine Einzel- oder eine Gruppentherapie bei meinem Problem die bessere Lösung? Läge mir nicht viel eher Bioenergetik, obwohl die Krankenkasse die Kosten hierfür nicht übernimmt?

Sieht man einmal von der nicht nebensächlichen Frage der Kostenübernahme durch die Krankenkassen ab (deren Anerkennungskatalog ist natürlich eine gewisse Vorauswahl), so irren die Ratsuchenden relativ willkürlich in dem Labyrinth der Angebote umher. Letztendlich hängt ihre Entscheidung häufig mehr von der Person des Therapeuten als von seiner therapeutischen Methode ab.

Auch für das Erstgespräch mit dem Therapeuten geben Bücher und Informationsbroschüren Ratschläge. Allerdings setzen diese grundsätzlich voraus, dass auf ehrliche Fragen ehrlich geantwortet wird. Angesichts der dubiosen Methoden vieler Psychotherapeuten, Klienten zu gewinnen, erscheint das eher weltfremd. Gerade in diesem Segment des Psychomarktes ist die Konkurrenz besonders hart.

Fragen zum theoretischen Hintergrund und zu den Vor- und Nachteilen der angebotenen Therapie bieten sich besonders an. Es ist ja gerade symptomatisch für den grauen Psychomarkt, dass er ständig «neue» und «revolutionäre» Methoden kreiert. Es versteht sich von selbst, dass die Anbieter solcher «psychotherapeutischen» Sonderwege ihre Methoden und Arbeitsweisen anpreisen. Konsequenterweise werden sie darum bemüht sein, ihren Ausbildungsgang als seriös darzustellen und ihn ggf. durch Nennung angeblich «berühmter» Ausbilder aufzuwerten. Insbesondere Therapeuten mit charismatischer Ausstrahlung werten sich selbst gern durch Pseudozertifikate und -titel auf. Durch das entsprechende Umfeld wie z. B. eine schön gestylte Praxis und zuvorkommendes Personal wird das Bild abgerundet.

Aber selbst wenn sich die Suche nach der passenden Therapie auf die anerkannt seriösen Institute oder die von Krankenkassen anerkannten Therapeuten beschränkt, ist eine sachliche und umfassende Klienteninformation noch nicht garantiert. Keine Darstellung der individuellen Behandlungsweise ist frei von subjektiven und ökonomischen Interessen.

Objektiver könnten die Auskünfte zu organisatorischen Dingen wie Zahlungsmodalitäten etc. ausfallen, die auf den ersten Blick weniger anfällig für rhetorische Überzeugungskünste scheinen.

Der Brief einer therapiegeschädigten Frau an ihre Krankenkasse, mit dem sie auf Zustände in ihrer psychotherapeutischen Praxis aufmerksam machen will, belehrt uns eines Besseren:

«Bei dem ersten Gruppentreffen ... lernte ich die anderen Gruppenmitglieder kennen und es wurden allgemeine Informationen gegeben. Im Nachhinein vermisste ich sehr Angaben über anfallende Kosten, exakte Dauer der Gruppe und Informationen über zu erwartende Probleme in meiner Beziehung. Ich war von einem Jahr ausgegangen, tatsächlich aber bestand die Gruppe von Februar 92 bis August 93. Dieses wurde mir erst nach einem halben Jahr bekannt. Ferner waren von vornherein mehrere Wochenenden und Wochen mit der Gruppe geplant, was wir erst nach einigen Wochen erfuhren. Diese Wochenenden und Wochen waren Pflicht (‹Absolut wichtig für die Selbsterfahrung›).»

Dieses Beispiel zeigt, dass eine Verbesserung der Patienteninformation über Pflichten und Grenzen der Therapeuten einerseits und die Rechte der Klienten andererseits dringend erforderlich ist. Ein noch weiter reichender Schritt zu einer Stärkung der Klientenrechte wäre die Umkehrung der Ausgangssituation: Jeder Therapiebeginn könnte eindeutiger und risikoärmer als im aktuell rechtsfreien Raum sein, läge die Verantwortung für die umfassende Klienteninformation aufseiten der Therapeuten. Eine gesetzlich geregelte Auskunftspflicht könnte manchen nebulösen Selbstdarstellungen einen Riegel vorschieben. Therapiekritiker wie z. B. Liesel Kleiber schlagen sogar vor, dass Therapeuten schriftlich Auskunft über Honorarforderungen zu geben haben und ebenfalls schriftlich bestätigen, dass keine weiteren Ansprüche geltend gemacht werden. Warum sollten nicht auch schriftliche Ausführungen über die methodische Arbeit, den theoretischen Hintergrund, zeitliche Absprachen etc. denkbar sein?

Von der realen Aufnahmepraxis vieler Therapeuten sind diese Vorschläge allerdings weit entfernt. Selbstverständlich ist das Vertrauen der Klienten gegenüber dem Therapeuten notwendige Bedingung für eine erfolgreiche Therapie. Der Vertrauensvorschuss, den viele Therapeuten genießen, ist jedoch nicht immer gerechtfertigt. Grundsätzlich muss gelten: Solange geschäftstüchtige Therapieverkäufer es mit undurchsichtigen Methoden auf die Gunst und das Geld Hilfe suchender Menschen absehen, ist Vorsicht geboten. Beispiele wie das von Beate K. sind kein Einzelfall.

Beim Erstgespräch zu beachten

Grundsätzliches:

- Erstgespräche mit einem Therapeuten sind unverbindlich, d. h. kostenfrei, und sie verpflichten zu nichts.
- Jeder Klient hat das Recht, bei verschiedenen Therapeuten Informationsgespräche zu führen. Ein von der Krankenkasse bezahltes Erstgespräch verpflichtet nicht zur Aufnahme der Therapie.
- Therapieverträge nach einem ersten Gespräch sind unüblich und sollten auf keinen Fall unterschrieben werden.
- Grenzüberschreitungen sind bereits gegeben, wenn der Therapeut nicht über die o. g. Rechte informiert. Klienten haben das Recht zu entscheiden, ob sie diese Therapie wollen oder nicht.

Ein sofort unterbreiteter Therapievertrag ist ebenso unzulässig wie der Abschluss von Jahresverträgen.
- Eine Therapie kann jederzeit von den Klienten abgebrochen werden.

Konkrete Fragen zur besseren Einschätzung der Therapie:
1. Wie sieht die Gestaltung der Therapie konkret aus?
   - Welche Art von Übungen finden statt?
   - Sind die Übungen eher körper- oder gesprächsorientiert?
   - Findet die Therapie mit normaler Kleidung statt?
   - Welche Art von Berührungen gehören dazu?
   - Welche Techniken (z. B. zu einer körperorientierten Methode, Hypnose) werden eingesetzt?
   - Welche Wirkungen sind von diesen Techniken zu erwarten?
   - Welche Vor- und Nachteile bieten sie?
   - Gibt es Verhaltensregeln für Klienten (z. B. Diätvorschriften, Sexverbot, Kontaktsperren)?
2. Wann und wo findet die Therapie statt?
   - Wie lange und in welchem Rhythmus findet sie statt?
   - Welche voraussichtliche Dauer hat sie (einige Wochen, ein Jahr, mehrere Jahre)?
   - Was passiert, wenn ein Termin abgesagt werden muss bzw. ausfällt.
3. Wie viel kostet die Therapie?
   - Welche Kosten werden von der Krankenkasse übernommen?
   - Kommen Zusatzkosten für Wochenendtermine oder Therapiewochen hinzu?
   - Gibt es schriftliche Belege dafür?
   - Werden Quittungen für selbst finanzierte Therapieleistungen ausgestellt?
4. Welcher therapeutischen Richtung fühlt sich der Therapeut verpflichtet (z. B. Verhaltens-, Gestalttherapie)?
5. Welche Ausbildung und welchen beruflichen Werdegang hat er

absolviert? Bildet er sich fort? Nimmt er an Supervisionen teil?
(Achtung: Prominenz und akademische Titel sind kein Garant für Qualität.)

Diese Fragen machen nur Sinn, wenn sie in einem offenen und ehrlichen Gespräch gestellt werden können und keine negativen Auswirkungen haben. Sie haben das Recht auf ehrliche und verständliche Antworten. Wenn Ihnen etwas unverständlich ist, fragen Sie auf jeden Fall nach.

2. Emotionale Übergriffe in der Therapie

Beate K., heute 49 Jahre alt, blieb von 1987 bis 1992 in psychotherapeutischer Behandlung. In dieser Zeit absolvierte sie große Teile des Programms, das in ihrer Praxis zum Standard gehört: einige Monate Einzel-, dann Gruppentherapie, anschließend die Gruppe für die Fortgeschrittenen. So weit, so üblich. Nicht allgemein üblich war die Art der Beziehung, die zwischen Beate und ihrem Therapeuten entstand: Im Laufe der Zeit entwickelte sich ein intensiver, über die therapeutische Verbindung hinausgehender privater Kontakt, den Beate als tiefe Freundschaft verstand:

«Einmal hatte ich Stress mit meinem Freund. Da rief mein Therapeut nachmittags bei uns zu Hause an und sagte: ‹Hast du wieder nicht das gekriegt, was du als Frau brauchst?› Da war ich völlig aufgelöst. Ich hab mich wahnsinnig gefreut, dass er angerufen hat. Man will ja, dass sich einer kümmert und einen versteht ohne viele Worte, und von diesen Beispielen gibt's Tausende.»

Zwar hatte der Therapeut auch zu anderen Mitgliedern ihrer Gruppe engen Kontakt, aber bei Beate sparte er nicht mit Bekundungen darüber, dass sie eine «ganz besondere» Klientin für ihn sei. Er lobte ihr organisatorisches Talent und hob sie aus der Gruppe hervor, indem er ihr Sonderaufgaben mit hoher Verantwortlichkeit zuwies: Fortan sammelte Beate bei ihren Gruppenmitgliedern das Geld für die Therapiewochenenden und -wochen ein und stellte später auch ihr eigenes Konto zur Verfügung, sodass das Geld – wie ihr erst später klar wurde – durch ihre Hilfe am Finanzamt vorbeifloss.

Wenn es Probleme bei den Klienten gab, stützte sich das gesamte Therapeutenteam gerne auf ihre «integrierende Art», mit der sie die Seele der Gruppe war. Und schließlich konnte der Seelenheiler auch privat von Beates Qualitäten profitieren. In seiner Familie war sie bald ein gern gesehener Gast, weil sie dort wie selbstverständlich die Rolle der «Ersatzmutti» einnahm. Während er mit seiner Frau auf Reisen war, hütete sie die Kinder, goss die Blumen und machte die Wohnung für seine Rückkehr hübsch zurecht.

Ausgenutzt fühlte sich Beate damals nicht, denn zum einen sah sie ihre Rolle als persönliches Privileg an, an dem sie innerlich wuchs. Zum anderen bekam sie, wie sie damals meinte, etwas «Unbezahlbares» von ihrem Therapeuten zurück:

«... ein Kompliment, ein Augenzwinkern, ein verständnisvolles Wort, eine nette Geste, mal in den Arm genommen werden ... Manchmal hing morgens ein Zettel am Auto: ‹Guten Morgen, mein Schatz, wie geht es dir?› Das ist doch einfach toll. Das ist das, was jeder hören möchte: Das Leben ist hart, aber wir schaffen das schon.»

Und tatsächlich gelangen ihr, wenn sie sich der Nähe und Zuneigung ihres Therapeuten sicher war, Dinge, die sie bisher für unmöglich gehalten hatte und die sie als klare Therapieerfolge ansah. Als Beispiel fällt ihr die Anreise zu einer Gruppenfahrt nach Italien ein:

«Ich hatte immer totale Tunnelangst. Mein Therapeut wusste davon. Er saß im Wagen vor uns und als dieser lange Tunnel kam, funkte er mich an und sagte: ‹Du brauchst dir keine Sorgen zu machen, ich bin bei dir.› Vorher war ich immer allein mit meiner Angst und plötzlich sagte jemand: ‹Ich pass auf dich auf.› Da glaubt man doch, es kann gar nichts mehr passieren.»

Dass diese Sicherheit allerdings trügerisch und nur vorübergehend war, bekam Beate im Laufe ihrer Therapiejahre zu spüren. Ausruhen konnte sie sich nicht auf ihrer Rolle als «des Therapeuten Lieblingskind». Gerade weil sie sich seiner Zuneigung einigermaßen sicher war, kehrte er das Gesicht des strengen und kontrollierenden Therapeuten hervor. Völlig unberechenbar holte er nach einer Zuwendungsphase zu einem seiner gefürchteten Tiefschläge aus. Ein Erlebnis von einem Therapiewochenende: «Obwohl das verboten war, ging der Therapeut mit Schuhen in den Gruppenraum. Ich wollte das irgendwie nicht einsehen und bin auch mit Schuhen in den Gruppenraum gegangen. Da hat er gefragt, ob ich das nicht verstanden hätte. ‹Doch›, habe ich gesagt, ‹sicher habe ich das verstanden, aber bist du mehr wert als ich?› Das hat ihn wahnsinnig geärgert.»

Die Strafe war klar kalkulierter Liebesentzug. Statt über den Vorfall zu reden, ließ der Therapeut sie seine Verärgerung spüren. Eine Maßnahme, die Beate gerade wegen ihrer vermeintlichen Sonderposition besonders empfindlich traf. Je mehr sie ihre Rolle genoss, desto mehr war sie auf sie festgelegt. Um seine Zuneigung nicht zu verlieren, musste sie Ärger und Streit vermeiden und durfte nur die Seiten hervorkehren, die ihm die liebsten waren: Beate, die Hilfsbereite, die Liebevolle, das Organisationstalent. Beate, die Egoistische, Wütende und Widerspenstige, durfte nicht sein. Also passte sie sich seinen Vorstellungen an und es fiel ihr dadurch leichter, dass sie von der Gruppe insgeheim Anerkennung für ihren Sonderstatus bekam. In der allen Gruppenmitgliedern gemeinsamen Sehnsucht nach Therapeutenzuwendung wurde jede freundliche Geste, jede Anerkennung eines anderen peinlich genau und eifersüchtig registriert.

Doch je höher der Gipfel, desto tiefer der Fall. Wie es wirklich um die «Freundschaft» zwischen Beate und ihrem Therapeuten bestellt war, bekam sie zu spüren, als nach fünf Jahren Therapie der Zusammenbruch kam:

«Ich war physisch und psychisch total am Ende. Ich hatte gerade einen neuen Job angefangen, den ich aber nicht ausführen konnte, weil ich mich nicht mehr konzentrieren konnte. Meine ganze Persönlichkeit war infrage gestellt, da war einfach ein Loch. Ich spürte keinen Boden mehr unter den Füßen. Die Farben waren alle neongrell, ich habe Engel im Kopf gesehen und schwarze Löcher. Ich hatte wahnsinniges Herzjagen, einen Blutdruck von 240, Schlafstörungen, Alpträume und Bettnässen. Ich konnte überhaupt nicht mehr allein sein. Das bestimmende Gefühl war, dass ich mein Leben nicht mehr in den Griff kriege.»

Zunächst hatte der Therapeut versucht, sie zu trösten: «Dir passiert nichts, wenn ich bei dir bin.» Als sie die Therapie abbrechen wollte, redete er ihr diese Gedanken aus. Erst als sie abends nach einem Zusammenbruch mit dem Taxi bei ihm zu Hause angefahren kam und um seine Hilfe bat, wies er sie endgültig ab: Für diese Art von Symptomen seien «die Kollegen aus den Krankenhäusern» da, er könne in dieser Situation nichts für sie tun.

Es folgte die Einweisung in die Psychiatrie, wo Beate mehrere Monate blieb. Der behandelnde Arzt hielt später in seinem Gutachten fest, «dass die Einzelgespräche mit der Klientin in erster Linie dazu (dienten), die möglichen Auslösefaktoren für die depressive Episode zu verstehen. Hierbei ließen sich insbesondere Enttäuschungen hinsichtlich der langjährigen Patienten-Therapeuten-Beziehung eruieren.» Im Frühjahr 1993 unternahm Beate einen Selbstmordversuch. Sie nahm 50 Schlaftabletten, wurde aber durch einen Zufall in ihrer Wohnung gefunden und kam ein zweites Mal in stationäre psychiatrische Behandlung. Nach zwei Monaten wurde sie entlassen.

Bis heute lässt Beates Gesundheitszustand nur einen Halbtagsjob zu. Die Schulden, die durch die Therapie entstanden sind, hat sie immer noch nicht ganz abgezahlt. Seit drei Jahren ist sie in regelmäßiger psychotherapeutischer Behandlung bei einem Nervenarzt. Sie nahm auch an einer Selbsthilfegruppe Therapiegeschädigter teil. Ihr persönliches Ziel, eine Rückerstattung von Therapiekosten zu erwirken, hat sie bisher nicht erreicht.

Von ihrem früheren Therapeuten fühlt sie sich in tiefster Seele missbraucht. Die Hoffnung auf eine offizielle Anklage dieses therapeutischen Verhaltens hat sie sich bei der derzeitigen Gesetzeslage allerdings abgeschminkt. Die Kategorie «emotionaler Missbrauch» taucht bei Strafverfolgungsbehörden oder psychologischen Berufsverbänden im Zusammenhang mit Psychotherapie nicht auf.

Das Ausmaß der Verletzungen durch emotionalen Missbrauch in der Psychotherapie mag letztendlich nur von den betroffenen Klienten selbst zu bewerten sein. Ihre Schilderungen lassen jedoch die Annahme zu, dass die Folgen, je nach Schwere des Übergriffs, ähnlich traumatisch wie bei sexuellem Missbrauch sind. Eine Einstufung des emotionalen Therapiemissbrauchs als eine Art Vorstufe von Missbrauch wäre da falsch.

Erfolg oder Misserfolg, Heilung oder Schädigung durch die Psychotherapie hängt – darüber herrscht inzwischen Einigkeit in der Forschung – in erster Linie nicht von der jeweiligen Schule oder Methodik, sondern von der Beziehung zwischen Therapeut und Klienten ab. Diese Beziehung ist, unabhängig davon, wie gut, intim oder vertraut das Verhältnis ist, in jedem Fall von der ungleichen Verteilung von Kompetenz und Macht auf der Seite des Therapeuten, Bedürftigkeit und Schwäche auf der Seite des Klienten bestimmt. Das therapeutische Verhältnis ist jedoch – und das macht die Sache so kompliziert – nicht nur von diesem Machtgefälle bestimmt. An eine positive therapeutische Beziehung sind auch höchste Anforderungen an menschliche Nähe und Vertrauen gestellt. Diese sind Grundvoraussetzung für eine gut verlaufende Therapie. Sie bieten den atmosphärischen Schutzraum, in dem Klienten sich «fallen lassen» und von ihrer schwächsten Seite zeigen können.

Aufgabe des Therapeuten ist es, die beiden Pole Professionalität *und* menschliche Wärme in seine Arbeit zu integrieren. Gelingt ihm dies nicht, gerät die Beziehung zu seinen Klienten zu einem unpersönlichen Dienstleistungsservice oder zu einer gefährlichen Gefühlsverstrickung. In jedem Fall geht dies auf Kosten der Klienten und des Therapieerfolgs.

Menschliche Wärme in einer Therapie hat jedoch nichts mit privater Beziehung zu tun. Es geht vielmehr um einen Dienst für zahlende Klienten, es geht nicht darum, dass der Therapeut – abgesehen von seinem finanziellen Verdienst – persönlich von dieser Beziehung profitiert. Von dieser Bedingung sollten Klienten ausgehen können, wenn sie in die Therapie kommen. Die Einhaltung dieser Bedingung ist die Basis für gegenseitiges Vertrauen.

Aus dem freien Zugang zur Seele, der Therapeuten gewährt wird, gehen häufig intensive und starke Gefühle hervor. Heftige Verliebtheit, Liebe, Abhängigkeit, aber auch Wut und Trauer sind Bestandteile des therapeutischen Prozesses und haben, eben weil sie in der Therapie entstehen, mit der realen Beziehung zwischen Therapeut und Klient nichts zu tun. Sie gelten nicht wirklich dem Therapeuten, auch wenn es so erscheint. Sie sind vielmehr auf die Eltern, Geschwister oder andere Bezugspersonen gemünzt, werden jedoch an der Person des Therapeuten neu erlebt.

In einer Elternübertragung beispielsweise können sich Klienten phasenweise ihrem Therapeuten gegenüber abhängig und schwach wie ein kleines Kind fühlen – ein Vorgang, der therapeutisch sehr nützlich sein kann. In einer Alltagssituation ist er es nicht. Den Klienten ist dieser Mechanismus der Übertragung in aller Regel nicht bewusst, sie tragen auch nicht die Verantwortung dafür. Dem Therapeuten als Profi hingegen ist Übertragung als psychotherapeutischer Begriff und Prozess bekannt.

Beates Therapeut profitierte z. B. von ihrer Abhängigkeit, indem er sie als Kinderfrau instrumentalisierte. Andere weihen ihre Patienten in ihre Alltagsprobleme, finanziellen Nöte und Ehekrisen ein. Die spontan einsetzende Hilfsbereitschaft bei Klienten wird zur Mithilfe bei Renovierungs- und Gartenarbeiten, bei Büroarbeiten und Steuererklärungen instrumentalisiert, ihre Verliebtheit zur Anhebung ihres Selbstbewusstseins gedeutet.

In dem geschilderten Beispiel hat der Therapeut unter dem Deckmantel der Freundschaft die Beziehung zur Erfüllung seiner egoistischen Interessen missbraucht. Das ist in der gegenwärtigen Therapielandschaft jedoch kein Einzelfall.

Eine erste Grenzverwischung zwischen Therapie und Privatleben findet relativ häufig in scheinbar privaten Unterhaltungen zwischen Therapeuten und Klienten statt. Die Therapeuten kommentieren das äußere Erscheinungsbild ihrer Klienten und maßen sich ein persönliches Urteil an.

Britta L., ehemalige Klientin einer anderen Therapiegruppe, erzählt:

«Es gab Situationen, wo er sagte: ‹Was hast du für Schuhe an?› Ich fragte: ‹Wie meinst du das?› Er antwortete: ‹Die gefallen mir nicht.› Man wurde auf eine bestimmte Stilrichtung eingeschworen. Er liebte vor allem weiche, fließende Stoffe. An den Therapiewochenenden sollten wir Frauen uns schick machen. Wir haben das auch gern gemacht. Je mehr Schulter oder so gezeigt wurde, umso besser: weil man Komplimente bekam, dass man schöne Beine hätte oder toll gekleidet wäre.»

Natürlich geht diese Art von Kommentierung an den Klienten nicht spurlos vorüber. Wie das funktionierte, hat Beate am Beispiel einer Mitklientin erfahren:

«Eine Frau aus unserer Gruppe, eigentlich ein Mauerblümchen, wurde von den Therapeuten hofiert. Die blühte dann unglaublich auf. Aus einer vertrockneten Distel wurde eine wunderschöne Rose und so etwas vergisst man nicht.»

Erstaunlich viele emotional missbrauchte Klienten glaubten, für ihren Therapeuten «etwas ganz Besonderes» zu sein. Mit einfachen Tricks hatten diese mehrere ihrer Klienten zugleich in die Rolle des «Therapieschätzchens» gelobt. Britta, die wie Beate in «glücklichen» Therapiezeiten sehr von ihrem Therapeuten hofiert worden war, erzählt:

«Dadurch, dass mir das Gefühl gegeben wurde, du zählst als Frau, du bist nicht das kleine Etwas, lebte ich in ständiger Euphorie. Das wollte ich immer wieder haben, und das kriegte ich ja auch immer wieder angeboten.»

Britta schildert weiter, wie ihr Therapeut sie öfter um seine Zuneigung zappeln ließ:

«Er war unglaublich geschult, seine Stimme, seine Augen oder auch seine Gleichgültigkeit einzusetzen. Beispielsweise stellte er sich in den Einzeltherapiestunden einfach an das Fenster mit verschränkten Armen und ich wusste nicht, hört er mir nun zu oder hört er mir nicht zu?»

Zu anderen Gelegenheiten bekam sie Lobeshymnen über ihren schönen Hals oder ihre Beine zu hören. Aus dieser Dauerspannung von Nähe und Distanz ging natürlich der Therapeut als Sieger hervor: Schon nach kurzer Zeit hatte er seine Klientin so weit, dass sie bereit war, alles für ihn zu tun, ihn ständig zu verwöhnen.

Im Gegenzug zu den Dienstleistungen, die Therapeuten von ihren Klienten entgegennehmen, bieten sie selbst sich als Retter, «bester Freund» oder unentbehrlicher Lebensbegleiter an. Statt an das Selbsthilfepotential und die Eigenständigkeit ihrer Patienten zu appellieren, greifen sie ganz konkret in deren Privatleben ein und vermitteln ihnen damit indirekt, wie wichtig und unersetzlich ihre therapeutische Unterstützung ist.

Mit dieser Übervaterhaltung tragen die Therapeuten zu ihrer

eigenen Idealisierung und einer verstärkten Abhängigkeit ihrer Klienten bei. Wenn diese Haltung auch nicht zum Wohle des Patienten ist – der Selbstbestätigung und dem Geldbeutel des Therapeuten dient sie allemal.

Ein Beispiel für die Selbstüberschätzung mancher Therapeuten hat Clara B. erlebt, die ihre Therapie bei dem Diplompsychologen Rolf S. für mehrere Monate unterbrach, weil sie eine Indienreise geplant hatte. In der Abschiedsstunde stand die Frage an, wie die «therapiefreie» Zeit zu bestehen sei. Statt seine Klientin zu ermuntern, dass sie auch ohne ihn klarkommen könne, zog der Therapeut vor ihr seinen Pullover aus und bot ihn ihr als symbolisches Teil von ihm an. Die Klientin hätte niemals gewagt, ohne den Pullover auf Reisen zu gehen.

So unterschiedlich die Grenzübertritte in der Psychotherapie auch sind, sie alle basieren auf Ausbeutung der in der therapeutischen Beziehung entstandenen Gefühle. Da dieser Missbrauch immer von den persönlichen Interessen, Bedürfnissen und Defiziten der Therapeuten gelenkt ist, werden in der Therapieforschung alle Formen des therapeutischen Machtmissbrauchs unter dem Oberbegriff «narzisstischer Missbrauch» zusammengefasst: Therapeuten überschätzen ihre eigene Bedeutung und werten sie auf Kosten ihrer zahlenden Klienten auf. Solange ihnen niemand eine Grenze setzt, gibt es für sie keinen Grund, ihr Verhalten zu ändern.

Während die Folgen sexuellen Missbrauchs in der Therapie inzwischen Gegenstand mehrerer Untersuchungen geworden sind, liegen bisher kaum wissenschaftliche Forschungsergebnisse über die Folgen anderer Missbrauchsformen vor, die ähnlich traumatisch und zerstörerisch sind. Becker-Fischer und Fischer weisen in ihrem Buch auf die Folgen emotionalen Missbrauchs, wenn auch wiederum als «Abstufung» zu sexuellem Missbrauch, hin:

«Dass Formen emotionalen Missbrauchs Patientinnen und Patienten in ähnlicher Weise schädigen wie manifest oder latent sexuelle Formen, ist theoretisch selbstverständlich. In derselben Weise werden die Hilfesuchenden unter Ausnutzung der Machtposition zur Befriedigung persönlicher Bedürfnisse der Behandelnden benutzt. Unsere Erfahrungen aus zahlreichen Beratungsgesprächen lassen keinen Zweifel an den schweren Schädigungen, die den Patientinnen und Patienten damit zugefügt werden. ... Für psychologische Fachverbände sollte allerdings ... klar sein, dass diese Formen von Ausnutzung der therapeutischen Beziehung gravierende ‹Kunstfehler› darstellen, denen in Weiterbildung, Supervision und Ethikrichtlinien – gerade da sie oft sehr subtil und schwer fassbar sind – besondere Aufmerksamkeit gewidmet werden sollte.»

Fast alle ehemaligen Klienten, deren Gefühle in einer Psychotherapie ausgenutzt und missbraucht worden sind, fühlen sich zutiefst enttäuscht und erschüttert. Gleichzeitig zweifeln sie, zum Teil mit einem erheblichen selbstzerstörerischen Potential, ihre eigenen Wahrnehmungen und Gefühle an: Das, was sie für Zuwendung, Liebe oder Freundschaft gehalten haben, hat sich als Ausbeutung ihrer Vertrauensseligkeit herausgestellt. Zutiefst verunsichert, können sie sich kaum noch auf vertrauensvolle Begegnungen zu anderen Menschen einlassen. Nachfolgende Therapien zur Aufarbeitung ihres Missbrauchserlebnisses schließen viele von ihnen von vornherein aus.

Zu der Enttäuschung kommt hinzu, dass sich die geschädigten Klienten ihres eigenen Verhaltens und ihrer Offenheit schämen.

In ihrer sozialen Umgebung finden sie in der Regel nur wenig Verständnis für ihre Situation. Meist werden sie, direkt oder unausgesprochen, mit dem «Es gehören immer zwei dazu»-Vorwurf konfrontiert. Wie konnten sie nur so blöd sein und diesem Scharlatan vertrauen? Die derzeitige Gesetzeslage, die allenfalls die Verfolgung sexueller Vergewaltigung in der Therapie ermöglicht, verstärkt nur das Gefühl, womöglich selbst schuld zu sein.

Auch die so genannten Ethikkommissionen der Berufsverbände der Psychotherapeuten nehmen sich kaum der Fälle emotionalen Missbrauchs an. Erschwerend kommt für die Opfer hinzu, dass kaum einer der missbrauchenden Therapeuten Einsicht in sein Fehlverhalten oder gar Reue zeigt. Eine Auseinandersetzung mit dem Missbrauchern findet nicht statt. Mir ist nur ein einziger Psychotherapeut bekannt, der sein Fehlverhalten dadurch dokumentierte, dass er Therapiekosten in Höhe von 13 000 DM zurückerstattet hat. Dieser Therapeut hatte monatelang Geschlechtsverkehr mit seiner Klientin gehabt.

Beate K. hat vier Jahre nach dem traumatischen Ende ihrer Therapie die Methoden durchschaut, mit denen ihr Therapeut nicht nur sie emotional in die Falle gelockt und ausgebeutet hat. Überwunden hat sie die Enttäuschung jedoch immer noch nicht.

3. Die Kraft des therapeutischen Wortes

Eine der Gepflogenheiten in der Therapiegruppe von Anne O. und Beate K. war es, dass nach jeder Sitzung ein Protokoll angefertigt wurde. «Es wurde einfach aufgeschrieben, was in der Sitzung Thema war, wie es den einzelnen Leuten aus der Gruppe aktuell ging und was sie empfunden haben», erläutert Anne. In zwei Leitz-Ordnern bewahrt sie die Protokolle, nach Datum sortiert, noch heute auf. «Jedenfalls haben wir damals *gemeint*, unsere Gefühle aufzuschreiben», und sie zitiert – zunehmend fassungslos – eine beliebige Passage:
«Keiner hat sein Bedürfnis deutlich gemacht. Wir haben nicht aufeinander gehört, wir haben uns blind gemacht. Grund hierfür ist unser Starrsinn, die Bindung an unseren eigenen Plan. Nachdem wir hierüber gesprochen haben, entsteht eine Ratlosigkeit, die sich dadurch auflöst, dass Heidrun den Vorschlag macht, ein Lied zu singen.

Wir bemerken, wie wir in Spannung sind, weil wir selbst etwas tun und dabei auf den anderen achten. Wir lehnen uns in das Lied hinein. Dazu gehört, dass wir den Mund auftun, uns bemerkbar machen, ein Risiko eingehen. Das Singen ist nicht daraus entstanden, dass wir wussten, was wir wirklich wollen.»

«Wir wussten überhaupt nie, was wir wirklich wollen», sagt Beate, die angesichts dieses «Psychokacks», wie sie nach fünfjährigem Abstand ihre Aufzeichnungen und Protokolle heute nennt, immer noch nicht weiß, ob sie lachen oder weinen soll. Sie und Anne haben nach langer Zeit das erste Mal wieder einen Blick in ihre Aufzeichnungen gewagt und lesen nun abwechselnd daraus vor: Es wird nicht besser, der Tenor der seitenlangen Texte ist, auch wenn sie von unterschiedlichen Protokollführern verschiedener Gruppen geschrieben wurden, ähnlich: minutiöse Schilderungen aus einer geheimnisvollen Innenwelt, die, von außen betrachtet, eher konfus und wirr erscheint. Zu Therapiezeiten haben Anne und Beate an die Bedeutungsschwere und Einzigartigkeit dieser Texte geglaubt – heute interpretieren sie diese Aufzeichnungen als «Zustand totaler Verwirrung». Ihr Vorwurf an die Adresse ihrer Therapeuten ist hart: «Die haben uns in der Therapie schrittweise unsere Persönlichkeit zerstört.»

Was die therapiegeschädigten Frauen unter «Zerstörung ihrer Persönlichkeit» verstehen, ist das Resultat eines massiven therapeutischen Eingriffs nicht nur in ihre bisherigen Lebensumstände, sondern in ihre Denk-, Fühl- und Ausdrucksfähigkeit. In den fünf Jahren ihrer Therapie wurden ihre vortherapeutischen Gewohnheiten durch neue ersetzt, ihre Gedanken korrigiert und ihre Verhaltensweisen in Richtung therapeutisch erwünschten Verhaltens umgelenkt. Das Ergebnis ist, wie das zitierte Protokoll ahnen lässt, eine Klientel, die mit größter Ernsthaftigkeit auch die größten Banalitäten mit pseudopsychologischen Worthülsen magisch verklärt und dabei neben dem Blick für die außertherapeutische Realität auch den Anschluss an sie verliert.

Therapeutische Deutungswut kann, wie die folgenden Beispiele zeigen werden, der Ausgangspunkt einer langen Reihe von missbräuchlichen Eingriffen in das Seelenleben der Patienten sein. Beates Therapieerlebnisse vermitteln einen Eindruck davon: «Alles wurde kritisiert. Ich mag zum Beispiel einen Tisch gern schön decken, mit einer schönen Tischdecke, Kerzen, Blumen ... Bei einem Therapiewochenende hatte ich den Tisch so gedeckt, und mein Therapeut hat zu mir gesagt: ‹Sieh dir mal an, wie du den Tisch gedeckt hast.› Ich fragte: ‹Wieso, was ist denn damit?› Seine Antwort: ‹Du willst die Welt nur schöndrehen.› Dazu durfte ich mir dann meine Gedanken machen. Da wurde nicht gesagt: ‹Das hast du schön gemacht.› Nein, in dieser Therapie wurde ständig kritisiert und schon fürchtete man, alles falsch zu machen.»

Verglichen mit dem, was Beate im weiteren Verlauf ihrer Therapie erlebte, war diese kleine Episode eine Begebenheit der harmloseren Art: Später «ging es dann an die Substanz», sagt sie, aber gerade diese Kritik ihres Therapeuten hat eine besondere Bedeutung für sie gehabt, weil er damit den Grundstein zu einer massiven Verunsicherung gelegt hat: War ihr ästhetisches Empfinden, das sie immer für ihre Stärke gehalten hatte, in Wahrheit ihr schwacher Punkt? Entpuppte sich ihre ganze Vorliebe für eine schön gestaltete Atmosphäre als Ausdruck eines seelischen Defekts?

Die kleine Begebenheit am Rande blieb kein Einzelfall. Im Laufe der Zeit leuchtete Beates Therapeut jeden Winkel ihrer Persönlichkeit aus, keine noch so nebensächliche Verhaltensweise konnte seinen scharfen Analysen entgehen. Vieles von dem, das sie bisher für positiv gehalten hatte, wurde von ihm als grundlegender, struktureller Irrtum und Eigentäuschung diagnostiziert, selbst das banalste Alltagsverhalten wurde als Symptom einer ernst zu nehmenden Macke interpretiert.

Unter anderem war es ihr Kleidungsstil. «Schrill und verrückt», befand der Therapeut, während er sich in psychologisierenden Überlegungen darüber erging, worauf sie denn mit ihrer Kleidung aufmerksam machen wolle. Er forderte sie nicht explizit auf, fragte aber, ob sie es nicht lassen könne, sich so anzuziehen. Natürlich konnte sie und um es ihm zu beweisen, schaffte sie sich neue Kleidung in gedeckten Tönen an.

Nachdem Beate bei der nächsten Therapiesitzung in sittsamem Grau erschienen war, hatte es ihr Therapeut auf eine ihrer Mitklientinnen, «Typ graue Maus», abgesehen: «Könnt ihr der nicht mal was zum Anziehen kaufen, damit sie ein bisschen bunter aussieht?», hatte er die Gruppe (nicht die Klientin selbst!) provokativ gefragt und alle hatten Geld gesammelt und Kleider gekauft, «damit die Frau auch mal was anderes anhatte außer Grau».

Zwar machten einzelne Klienten ab und zu vorsichtig auf solche Widersprüche aufmerksam, dem Therapeuten war es jedoch ein Leichtes, sie unverzüglich wieder wegzureden. Schließlich war er der Experte, wollte ihm etwa jemand misstrauen? Auch für einen solchen, eher seltenen Fall hatte er schnell die passende Analyse parat: «Du verschließt die Augen, willst die Wahrheit nicht sehen ...» Fazit: Egal, wie man es drehte, der Therapeut behielt immer Recht.

Die ständige Therapeutenkritik verunsicherte allmählich alle Klienten. Das folgende Gruppensitzungsprotokoll deutet an, wie es war, in der therapeutischen Analysefalle zu sitzen:

Es war ein heißer Sommertag. Jemand hat Eis mitgebracht. Die Gruppenmitglieder sitzen mit ihren beiden Therapeuten im Kreis, das Gespräch dreht sich um einen Konflikt, den Regina W. mit einer anderen Frau aus der Gruppe hat. In dem folgenden Protokollausschnitt wird die Art und Weise, in der Regina sich an diese Frau wendet, thematisiert:

«Kurz bevor Regina in den Kontakt tritt, empfindet sie Ekel und Widerwillen. Sie spürt einen unangenehmen Nachgeschmack von etwas, was sie vorher an sich genommen hat. Jetzt ist es der des Eises, welches sie vorher bewusstlos gegessen hat. Der Nachgeschmack von alten Dingen verhindert, dass sie sich auf etwas Neues einlassen kann.

Der Ekel entsteht nicht aus dem aktuellen Erleben, sondern aus dem nicht fertigen, nicht losgelassenen Vergangenen. Regina ist ein Wiederkäuer. Sie würgt an vielen vermeintlich abgeschlossenen Geschäften, und die Wirklichkeit ist dann eine zusätzliche Belastung.»

Das saß: Wie in unzähligen Situationen zuvor hatte der Therapeut eine interpretatorische Glanzleistung vollbracht, der kaum zu widersprechen war. Eine Brücke vom Speiseeis zum unbewältigten Vergangenheitsproblem der Klientin zu spannen war einfach genial: Wer sollte da noch zweifeln, dass Regina eine Wiederkäuerin war? Allerdings sagte Regina selbst nichts zu diesem Bild, das der Therapeut von ihr entworfen hatte – zumindest ist nichts protokolliert.

«Wenn man ganz unten war, wurde man auch wieder hochgeholt», erklärt Beate, warum sie oder die anderen die Therapie nach derlei Anmaßungen nicht einfach wieder verließen. «Da war man dann dankbar, mit all seinen Schwächen bei der Gruppe und dem Therapeuten gut aufgehoben zu sein.» Nach dem Jammertal kam Wolke Nummer sieben, Elend, Trost und Glücksgefühl wechselten in rascher Folge. Ein Dauerstress, der die Klienten aus der Therapie drängte und gleichzeitig fester an sie band.

Das Ansehen der Therapeuten stieg in dem Maß, in dem die Wertschätzung ihrer eigenen Persönlichkeit sank. Statt die systematischen Tiefschläge auf ihre Psyche als gezielte Demontage zu sehen, wurde die anschließende «Aufbauarbeit» der Therapeuten zum psychotherapeutischen Meisterwerk verklärt. Je verwirrter sie waren, um so dankbarer nahmen sie die scheinbar gut gemeinten Hilfestellungen an.

Die Macht der therapeutischen Diagnose impliziert aus Klientensicht deren «Wahrheitsgehalt» oder «Gültigkeit». Was der Therapeut sagt, das stimmt, egal, wie abwegig die Deutung ist. Diese Grundannahme hat zunächst nichts mit einem konkreten Therapeuten und seiner Persönlichkeit zu tun, sondern ist Ausdruck des Machtgefälles, das für jedes Therapeuten-Klienten-Verhältnis prägend ist: Die Klienten wenden sich an den Therapeuten, weil sie hilfebedürftig sind, und setzen darauf, dass dieser ihre Probleme versteht und ihnen professionell helfen kann. Die Kraft seines Wortes ist ein Begleitumstand des therapeutischen Berufs. Dementsprechend geht von jeder seiner sprachlichen Verlautbarungen eine «message» aus, egal, ob sie als belangloser Kommentar oder tief schürfende Analyse gemeint ist. In der Psychotherapie sind alle Äußerungen potentielle Machtfaktoren. Die alles entscheidende Frage ist, wie der Therapeut diese Macht nutzt.

Ganz so, als hätten sie durch ihr psychologisches Wissen das Recht auf «einen privilegierten Zugang zur Wahrheit» (Christel Hafke) gepachtet, lassen viele Therapeuten eine andere Deutung als ihre eigene nicht zu. So wird jeder Widerspruch mit psychologisch klingenden Erklärungen legitimiert. Therapeutische Strategien, mit denen man sich unangreifbar machen kann, gibt es genug. Eine der beliebtesten ist der so genannte «Widerstand»: Stimmen die Klienten der therapeutischen Deutung zu, ist dies der Beweis für ihre Richtigkeit. Lehnen sie die Deutung ab, tun sie es, weil sie «im Widerstand» sind, was wiederum beweist, dass die Deutung stimmt. Eine Logik, der unter dem Zugriff eines charismatischen Therapeuten nur schwer zu entkommen ist. Beates bisherige Stärken werden durch einen solchen therapeutischen Blickwinkel zum zusätzlichen Problem für sie. Hinzu kommt, dass ihre Chancen, der therapeutischen Interpretation etwas entgegenzusetzen, gleich null sind. Der Therapeut ist nämlich – auch wenn er zuweilen vorgibt, als «bester Freund» seiner Klienten ganz im Gruppengeschehen aufzugehen – in dem Beziehungsgefüge die unangefochtene Autoritätsperson.

Wie scham- und grenzenlos die Autorität der therapeutischen Analysen missbraucht werden kann, zeigen die folgenden Beispiele von Klienten, die sich der anmaßenden Seelenentblößung in ihrer Therapie besonders hilflos ausgesetzt fühlten:

Beispiel 1
Der Klient Klaus G. hatte nach einer Krebserkrankung therapeutische Hilfe gesucht. Im zweiten Anlauf stieß er auf eine (Verhaltens-)Therapeutin, die sich eine ganz besondere Erklärung für seine Krankheit einfallen ließ: Die wuchernden Krebszellen in seinem Körper hätten ihr vereinnahmendes, egoistisches Verhalten von ihm gelernt. Nur durch eine Änderung seines Verhaltens bzw. seines Wesens seien auch die Krebszellen dazu zu bewegen, sich nicht mehr zu vermehren.

Beispiel 2
Petra N. hatte wegen einer Fehlgeburt längere Zeit im Krankenhaus gelegen. Als sie das erste Mal wieder zur Therapie kam, wurde sie mit folgender «Analyse» der Fehlgeburt konfrontiert: Diese sei ein typisches Beispiel für ihre Art, zu allem nein zu sagen. Letztlich habe sie auch nein zu der Schwangerschaft gesagt.

Beispiel 3
Als Sabine D., eine Mitklientin von Anne O., schwanger war und ihr Bauchumfang deutlich sichtbar zunahm, bekam sie – ungeachtet jeglicher biologischer Logik – folgende psychologische Diagnose zu hören: *Sabine wird deutlich gemacht, wie sie sich hinter ihrem «Schutzwall» verschanzt und ihn ausbaut – sie wird dicker. Sichtlich angetan von Klaus, unterdrückt sie jede Erregung in sich. Erotik hat keinen Platz mehr, kann unter diesen «Umständen» auch keinen Platz mehr erhalten.*

Derart willkürliche therapeutische Interpretationen sind ein weit verbreitetes Phänomen von Machtmissbrauch in der Psychotherapie und dienen ausschließlich den Interessen der Therapeuten, indem sie zu ihrer Idealisierung und Verklärung beitragen. Wie der emotionale Therapiemissbrauch geht auch der diagnostische Missbrauch häufig von einem Therapeuten mit massiven Selbstwertproblemen aus. Eingeschüchterte, verunsicherte und verwirrte Klienten zollen ihren Therapeuten größere Aufmerksamkeit und sind schlicht und einfach leichter steuer- und beeinflussbar. Gerade weil die therapeutischen Diagnosen scheinbar plausibel klingen und von den Klienten kaum zu widerlegen sind, ist die zersetzende Wirkung auf das Selbstwertgefühl besonders hoch. Nach dem Motto «So habe ich das Problem ja noch nie gesehen» schließen sie sich voller Ehrfurcht den Behauptungen des Therapeuten an. Die Folge: Der Therapeut genießt zunehmende Narrenfreiheit, die Klienten geraten in immer größere Abhängigkeit.

4. Therapeutische Umwandlung im Kollektiv

«Wieder ein Wochenende in W. Ich bin ganz aufgeregt. Als ich in den Weg einbiege, sehe ich in der Dunkelheit das beleuchtete Haus. Meine Aufregung wird zur Erregung, Freude. Das Gefühl, wieder da zu sein, erfüllt mich.

Wir treffen uns zum Kaffee, dann zum Check-in. Die Atmosphäre des Hauses nehmen wir bereitwillig auf. Allen ist die Freude gemeinsam, wieder hier zu sein. Bereitschaft, zu arbeiten, weiterzuarbeiten, ist da, und wir sind bereits dabei. Ich spüre mich, als wäre ich bereits den ganzen Tag hier und nicht erst gerade angekommen. Unsere Arbeit findet nicht in Sitzungen statt, wir arbeiten in jeder Minute, so wie ich es noch nicht erlebt habe.

Beim Umtrunk nach dem Abendessen, der von Ingrid gereicht wird, zeigt sich ihre Weigerung, sich zu wandeln. Deutlich lässt sie erkennen, dass sie nicht bei der Sache ist, sich auch nicht wandelt. ‹Üben, üben, üben› ist ein Schlagwort dieses Wochenendes. Üben, auf der Scheibe (einer Drehscheibe auf der Tenne des Therapiehauses, HZ) zu stehen. Allein, zusammen; Wandlung üben, Sehen üben ...»

«Ein typischer Beginn eines Therapiewochenendes», kommentiert Anne O. dieses Protokoll. Üben und nochmals üben hieß das Programm und das angestrebte Ziel lautete für alle, sich zu wandeln.

Die dargestellte Übung beim korrekten, regelkonformen Servieren des Umtrunks, an dem Ingrid noch arbeiten muss, ist nur eine der Aufgaben, die in der Praxis von Klaus M. zum kuriosen Standard gehören. Ihr kam jedoch eine besondere Bedeutung zu: Klienten aus den unterschiedlichsten Praxen dieser Psychokette erinnern sich, wie wichtig es für den jeweils auserkorenen Mundschenk war, den Aquavit mit der richtigen Körperhaltung und in der exakt vorgeschriebenen Menge einzuschenken: Wurde etwa zu viel oder zu wenig eingeschenkt, musste die Prozedur wiederholt werden, und zwar inklusive Kuss, der ebenfalls an alle auszuteilen war. Diese Prozedur basierte nicht immer auf Freiwilligkeit, wie die Erfahrung einer ehemaligen Klientin zeigt, die ihre Therapie nicht zuletzt wegen der «Trinkerei» abgebrochen hat:
«Dieses Ritual war für mich ein großer Kritikpunkt, weil ich grundsätzlich keinen Schnaps trinke. Ich habe mich geweigert, weil ich ihn nicht vertrage. Da hieß es dann: ‹Jetzt schließe dich doch nicht aus.› Der ‹Linie› wurde mir mehrmals an dem Abend angeboten, aufgedrängt. Ich hab gesagt, ich bin doch hier, um zu lernen, meine Meinung fest zu vertreten, und wenn ich nein sage, möchte ich akzeptiert werden, und ich finde es völlig unkorrekt, wenn die Therapeuten mich nicht wahrnehmen in dem, was ich sage, und einfach darüber hinweggehen.
Ich bin dann mit der Therapeutin ziemlich aneinander geraten und sollte mich entschuldigen. Es hieß, das sei mein Knackpunkt, an dem ich arbeiten müsste, mit Autoritäten umzugehen ...»

Andere Klienten berichteten von Gruppenmitgliedern, die trockene Alkoholiker waren und ebenfalls teilnehmen sollten, um «zu lernen, damit umzugehen».

In O. wurde, eine andere «therapeutische» Übung, an bestimmten Tagen eine Flagge gehisst. Zum Hissen der Flagge hat sich die Gruppe vor dem Haus versammelt – die Männer im Innenkreis, die Frauen drumherum – und die amerikanische Nationalhymne gesungen.

Therapeutische Begründung für solche Inszenierungen gab es nicht – falls mal jemand gefragt habe, sei die Antwort gewesen: «Frag nicht und mach!»

Von der Praxis selbst war nie eine Antwort auf diese Frage nach dem therapeutischen Sinn solcher Rituale zu bekommen. Und auf der Basis eines herkömmlichen Verständnisses von Psychotherapie findet sich keine plausible Erklärung dafür. Trotzdem kam unter den Klienten der Verdacht, Opfer einer billigen Seelenmassage zu sein, gar nicht erst auf. Eine elitär angehauchte Verpackung machte aus dem aus verschiedenen Techniken zusammengewürfelten Psycho-Set ein brillant und geheimnisvoll funkelndes therapeutisches Markenprodukt.

Fragt man ehemalige Klienten heute nach dem therapeutischen Konzept, fällt ihnen vor allem ein, dass sie die Frage nicht beantworten können, weil es «rational nicht nachzuvollziehen ist».

Erste Anzeichen einer «Wandlung» durch die Therapie zeichneten sich bei vielen der therapiegeschädigten Klienten in einem allmählich veränderten Kleidungsstil ab. Nach dem Motto «Mach mehr aus deinem Typ» veränderten sie ihr gesamtes Outfit in Richtung des vorherrschenden Therapeutengeschmacks.

Die ehemalige Klientin Eva E., die nach einer Therapie in einer psychotherapeutischen Praxis, deren Leiter von Klaus M. ausgebildet worden waren, eine Krankenhausbehandlung brauchte, «um wieder auf die Beine zu kommen», hat die Bedeutung der Kleidungsfrage als sehr unangenehm erlebt:

Einmal sollte die Gruppe zu einer Therapiestunde in Blau-Weiß erscheinen. «*Ich dachte, das sei ein Test, um rauszufinden, ob wir uns widersetzen, aber wie sich herausgestellt hat, meinten die das todernst.*» Niemand hatte gewagt, sich nicht an diese Vorschrift zu halten. Aus dieser Gruppe hatten die Männer sich auch ihre Haare (nicht auf Anweisung, sondern nach einer Wette) abschneiden lassen. Später wurden die abgeschnittenen Haare sowie andere persönliche Gegenstände aus «therapeutischen Gründen» in einem feierlichen Akt im Lagerfeuer verbrannt.

Dass die äußerlichen Veränderungen, die oft in einem Schwindel erregenden Tempo vonstatten gingen, im privaten Umfeld der Klienten eher mit Befremden aufgenommen wurden, war denen zum Zeitpunkt ihrer Therapie entweder egal oder die Bestätigung dafür, auf dem richtigen, da befreienden Weg zu sein. Zumindest war ihnen, was das Wichtigste war, die therapeutische Anerkennung für ihre Wandlung gewiss: Sie wurden mit lobenden Worten, kleinen Vergünstigungen und nicht zuletzt mit der Verbesserung ihres Gruppen-Images belohnt.

Mit der ausgedienten Garderobe wurden im Verlauf der auf größtmögliche Wandlung orientierten Therapie auch andere Bestandteile aus dem früheren Leben der Klienten entsorgt: unter anderem auch der Kontakt zu der Ursprungsfamilie. Die entsprechende Übung hieß «Elterntrennung» und reiht sich nahtlos in das Konzept eines uniformierten Selbstverwirklichungswahns ein, der auf Kosten anderer betrieben wird. Im Falle eines Klienten lebte seine fast 80-jährige Mutter allein und hatte nur diesen einen Sohn.

Wenn Wandlung als Abschied von alten, krank machenden Strukturen und als Grundlage eines neuen Lebensgefühls definiert ist und bedeutet, sich äußerlich und innerlich von eingefahrenen Normen und Wertvorstellungen zu befreien, so kann dieses Ziel durchaus persönlichkeits- und therapieförderlich sein, sofern es auf das Wohl des Klienten ausgerichtet ist.

Nicht förderlich ist eine «Wandlung», wenn der Therapeut allein zu wissen meint, *wie* diese zu vollziehen ist und vor allem: was deren *Ergebnis* sein soll. In diesem Sinne ist eher von *Ver*wandlung der Klienten durch einen Therapeuten zu sprechen.

Zwei Beispiele:

- Ludwig M., der eine Einzeltherapie machte, erhielt die Aufgabe, mit verschiedenfarbigen Socken ins Büro zu gehen.
- Zwei Studenten, die sich vor ihrer Therapie bei den «Christen für den Sozialismus» engagiert hatten, ließen sich auf Anweisung ihres Therapeuten einen Oberlippenbart wie Hitler stehen. Auf die Frage ihrer WG-Mitbewohnerin, was sie sich dabei dächten, antworteten sie lapidar: «Das hat was mit der Therapie zu tun.»

Der frühere «Startherapeut» Klaus M. aus M. erläuterte in einem Interview, dass solche Übungen unter dem Motto «change the routine» liefen. Nur wenn man mit eingefahrenen Gewohnheiten breche, würden diese als Gewohnheiten bewusst, und dieser Bewusstwerdungsprozess eröffne die Chance, aus eigentlich unangenehmen Angewohnheiten ausbrechen, dem Leben eine positive Richtung geben zu können. Eine einfache, aber wirkungsvolle Übung sei es, alltägliche Handgriffe mit der anderen Hand zu tun: «Haben Sie sich schon einmal Ihre Zähne mit links geputzt?»

In der Praxis gingen die Übungen weit über das Zähneputzen hinaus: Die Klienten deckten nicht nur ihre alten Gewohnheiten auf, besprachen und bearbeiteten sie in der Therapie, sondern sie rechneten auch vor einem breiten Publikum mit ihnen ab. Ein großer Teil der Übungen lief unter dem Stichwort «Schamarbeit». Diese «Arbeit» nimmt deshalb eine zentrale Rolle in dem Therapiekonzept ein, weil Scham mit der Praxisphilosophie unvereinbar ist: Wer sich schämt, lässt sich nicht richtig ein, schaut zu sehr auf andere und ist einer herkömmlichen gesellschaftlichen Moral verpflichtet.

Folglich heißt das therapeutische Ziel: Beseitigung der Scham. Monika S. erinnert sich:

«Gleich am ersten Tag unserer Intensivwoche wurden im ganzen Haus die Klotüren ausgehängt. Es war für mich ganz furchtbar, nicht allein auf der Toilette sein zu können, aber ich habe mich natürlich nicht getraut, es zu sagen. Ich dachte immer, ich sei die Einzige, die damit Probleme hat, denn niemand hat was gesagt. In den Wald zu gehen war verboten, aber ich bin doch heimlich gegangen. Heute glaube ich, dass auch ein paar andere, besonders die Frauen, heimlich in den Wald gegangen sind.»

Monika hat in den Anfangsjahren der Praxis Ende der siebziger Jahre eine Therapie bei Klaus M. gemacht. Als Studentin der Psychologie hoffte sie damals, nicht nur persönlich, sondern auch im Hinblick auf ihre eigene Berufsausbildung von dem schon damals mit einem besonderen Ruf umgebenen Therapeuten lernen zu können.

Das Thema der offenen Toiletten beschäftigte noch unzählige Klientinnen nach Monikas Zeit. Zwar wurden die Türen in den neunziger Jahren nicht mehr ausgehängt, aber man konnte sie nicht abschließen.

Während alle Klientinnen zu Zeiten ihrer Therapie der festen Überzeugung waren, dass die fehlenden Schlüssel beabsichtigt und therapeutisch begründet waren, bestreitet die Praxis sowohl die Regelung als auch eine damit verbundene Intention vehement:

«... Falsch ist die Aussage, dass an den Therapiewochenenden die Toilettentüren offen gestanden hätten oder in irgendeiner Form die Intimsphäre der Klienten und Klientinnen verletzt worden wäre. Im Gegenteil ist der Intimbereich der Klienten und Klientinnen stets gewahrt worden» *(Spiegel-TV)*.

Dagegen hatte eine ehemalige Klientin erklärt:

«Eine Geldstrafe ... wurde für den Fall angedroht, wenn man das Bad oder die Toilette hinter sich abschloss.»

Die Klientinnen hatten jedenfalls das deutliche Gefühl, dass Schamgefühle unerwünscht seien. Geldstrafen waren gar nicht erforderlich. Die Signale der Therapeuten oder der anderen Gruppenmitglieder, dass man verklemmt sei, waren Strafe genug.

Monika S.:
«Es gab viele Situationen, in denen ich mich unwohl gefühlt habe, zum Beispiel bei den Pfänderspielen. Als Pfand wurde immer ein Kleidungsstück abgegeben, bis meistens alle Frauen mit nacktem Busen am Tisch saßen. Die Männer schafften es immer irgendwie, ihre Hose anzubehalten. Wenn ich mich nicht ausziehen wollte, hieß es, ich sei spießig...

Mir wird noch heute schlecht, wenn ich daran denke, wie an meinem Problem gearbeitet wurde. Ich sollte mich in die Mitte stellen und ausziehen. Alle anderen blieben angezogen. Schließlich musste ich mich, nackt wie ich war, auf den Boden legen und alle Gruppenmitglieder sollten mir eine Hand auflegen. Ich habe mich schrecklich gefühlt, aber ich dachte, da muss ich durch. Im Nachhinein glaube ich, dass mir diese Übung eher geschadet hat.»

Wer wollte schon, vor allem in den Augen des bewunderten Therapeuten, prüde, verklemmt oder gar spießig sein? Im Wettbewerb der Schamlosigkeit war derjenige Sieger, der sich am meisten hervorwagte. Keine Idee war zu abstrus, um nicht verwirklicht zu werden: Vor der Fahrt zu einem Therapiewochenende an die Nordsee sollen die Männer einer anderen Therapiegruppe den Wunsch geäußert haben, von ihren weiblichen Gruppenmitgliedern auf eine ganz besondere Art empfangen zu werden. Die Frauen erfüllten den Wunsch: Statt am Fenster zu stehen und zu winken, streckten sie ihren nackten Po hinaus...

Den philosophischen Hintergrund zu diesem Unfug bekamen die Klienten als Merksatz in ihr Therapiebuch diktiert. Unter der Überschrift «Scham» hieß es bei einer Klientin, die sich 1995 das Leben genommen hat:

«Scham ist nichts anderes als das Ergebnis, nicht das getan zu haben, was zu tun nötig war.

Sich schämen heißt, sich selbst zu richten. Aber niemals sollte man sich selbst richten. Niemals sollte man richten.

Das Beste, was du tun kannst: das zu tun, was sich für dich richtig anfühlt, falls du ehrenhaft und aufrichtig in deinen Gefühlen bist. Verstehen deine Freunde und Nachbarn dich nicht, bist du verantwortlich, dich weiter deutlich zu machen, bis sie dich verstehen. Weniger zu tun heißt, sich vor seiner Bewusstheit zu drücken – den Weg der Scham gehen.»

Im Therapiegeschehen wurden diese Merksätze auf eine für Klienten nur schwer durchschaubare Weise konterkariert, aber der Wunsch, vor der Gruppe und dem Therapeuten zu bestehen, war stärker als die Scham. Die «alten» Schamgefühle kamen also aufs therapeutische Tablett, die neuen wurden sorgsam versteckt. Denn statt «ehrenhaft und aufrichtig in den Gefühlen» zu sein, empfanden viele das heftige, jedoch sorgfältigst verheimlichte Gefühl, sich zu schämen.

Zeugen der «Schamarbeit» in den Therapiesitzungen wurden nicht nur die Therapeuten und die Mitklienten, sondern auch der zum Team gehörende Kameramann, der auch die intimsten Vorfälle mit seiner Kamera festhielt. Das Wissen um diese Aufnahmen, die sich nach Aussagen der Klienten «in irgendwelchen Räumen stapeln», ist ein Alptraum für viele Ehemalige. Ebenfalls fragwürdig war der therapeutische Umgang mit Moral. Die Übungen, bei denen Klienten dazu aufgefordert waren, in der Öffentlichkeit demonstrativ gesellschaftliche Normen und Werte zu brechen, wurden nicht umsonst häufig unter Aufsicht besonders loyaler Gruppenmitglieder durchgeführt. Oft hatten die Aufgaben nämlich mit einer inneren Überzeugung der Klienten nicht viel zu tun, sondern wurden von ihnen nur «verkauft». Das Ergebnis war ein neues Moralgebäude, das von den Vorstellungen der Praxis und der Therapeuten geprägt war. Die «bürgerliche» Moral wurde durch ihre ersetzt. Von der Verwirklichung ihrer persönlichen Wertvorstellungen waren die Patienten, auch wenn es auf der Straße wohl oft anders erschien, weit entfernt.

In einem scharfen Gegensatz zu Zielen wie Selbstfindung und Befreiung von Normen standen die so genannten «Merksätze»:
Regel Nr. 1. «Sprich nicht zu dir und nicht zu anderen über deine Selbstarbeit.»
Regel Nr. 3: «Ein Leben, das den Tod nicht lohnt, ist des Lebens nicht wert.»
Regel Nr. 4: «Höre auf zu denken, probiere lieber und schaue.»
Regel Nr. 9: «Erlaube dir zu sein, wie du bist.»
Regel Nr. 12: «Im Laufe dieser Arbeit wirst du Überzeugungen entwickeln, von denen du weißt, dass sie richtig sind. Sie werden im Gegensatz stehen zu den Meinungen derer, die nicht arbeiten.»

Wie freiwillig die Einhaltung der Regeln war, zeigt folgender Erfahrungsbericht:
«Nach unserem ersten Therapiewochenende habe ich gefragt, ob ich nicht mit meinem Mann darüber sprechen kann. Da hat unsere Therapeutin gesagt, wir sollten zu Hause erzählen, wir hätten Marionetten gebastelt.

Sie hat uns auch gesagt, dass wir uns als Therapeuten auf einer Fortbildung ausgeben sollten, und das ist uns schon ein bisschen merkwürdig vorgekommen, denn ich will ja sagen können, was ich mache. Irgendwie hat sie uns damit doch gesagt, dass es schlecht ist, eine Therapie zu machen ...»

Ganz abgesehen davon, dass die Aufforderung der Therapeutin, sowohl Angehörige als auch Fremde zu belügen, der Regel Nr. 9 widerspricht, stellte der direktive und autoritäre Umgang mit zahlenden Klienten einen massiven Eingriff in deren Persönlichkeit dar. Als Ergebnis dieser Methoden irrten die Patienten zwischen scheinbar persönlichkeitsstärkenden Merksätzen und entwürdigenden Therapeutengängeleien hin und her.

Bei Beate K. hat ihre therapeutisch erwünschte «Wandlung» durch systematische Umerziehung in der Therapie nicht nur zu einer erheblichen Verwirrung, sondern auch zu einem Verlust ihrer Lebensfreude geführt. Der nachbehandelnde Psychiater bestätigte ihre Therapieschädigung in einem Schreiben an ihren Rechtsanwalt:

«Bei dieser Behandlung hat sich ein ausgeprägtes Abhängigkeitsverhältnis der Patientin zum Therapeuten entwickelt, das von diesem manipulativ ausgenutzt worden ist. Frau K. wurde angehalten, wesentliche Aktivitäten und Neigungen ihres bisherigen Lebens aufzugeben und Persönlichkeitsanteile, die sie über Jahrzehnte geprägt und getragen haben, infrage zu stellen und zu entwerten. Ziel dieser Manipulation waren vor allen Dingen die ausgeprägte Handlungsfreudigkeit und Entscheidungsfreudigkeit der Patientin.

Die Aufgabe an sich vertrauter Fähigkeiten ist nur durch die symbiotische Beziehung zum Therapeuten zu erklären, der in der Patientin vermutlich unerfüllte kindliche Wünsche und Hoffnungen geweckt hat und gleichzeitig ihr vermittelte, diese auch befriedigen zu können.

Dieses plötzliche Abwenden des Therapeuten und sein nicht vorbereiteter und erklärter Ausstieg aus der Beziehung ist höchstwahrscheinlich Auslöser dieser schweren depressiven Erkrankung gewesen.

Die Patientin leidet bis heute. Immer wieder kommt es zu schweren depressiven Einbrüchen mit Selbstentwertungsvorstellungen und fehlender Lebensperspektive. Sie ist zzt. darum bemüht, ihre früher vertrauten Persönlichkeitsanteile wieder zu integrieren und damit für sich verfügbar zu machen.

Erfahrungsgemäß dauert die Aufarbeitung eines emotionalen Missbrauchs in einer psychotherapeutischen Beziehung Jahre.»

Beates Fazit:

«Man wird total umgekrempelt in dieser Therapie, so wie man ist, ist man nicht richtig. Man muss anders sein, um dazuzugehören, und man will dann ja auch nicht ausgestoßen sein und irgendwann ist es dann so weit, dass man zusammenbricht. Wenn man alles infrage stellt, ist das ja auch kein Wunder.»

5. Die Macht der Gruppe in der Therapie

1976 schrieben die Therapeuten George R. Bach und Haja Molter: «Unser Kulturbetrieb schickt sich an, einen ganz neuen Berufsstand zu entwickeln: den Geburtshelfer für Gefühle.»

Mit Sarkasmus und Ironie knöpften sich die Autoren mehrerer Psychoratgeber der siebziger Jahre den damals entstehenden Psychoboom rund um die grassierenden Encounter-Gruppen und deren therapeutische Anleiter vor: «Er wird dafür bezahlt, dass er Räume bereitstellt und Möglichkeiten schafft, Gefühle auszudrücken, auszuschreien und auszuleben.»

Während Encounter als Oberbegriff eines therapeutischen Methoden-Mix von östlichen Meditationstechniken bis zu amerikanischen Körperübungen inzwischen aus der Mode gekommen ist, haben sich die «Geburtshelfer der Gefühle» auf dem Psychomarkt weiträumig durchgesetzt: Das gemeinschaftliche Erleben und Aufarbeiten von Gefühlen in einer fest zusammengesetzten Gruppe hat noch immer ungeheure Attraktivität. In einer Gesellschaft, in der es vor allem um Erfolg, Geld und gutes Aussehen geht, sind die Gründe hierfür leicht nachzuvollziehen: In der Gruppentherapie sind menschliche Nähe, Zusammengehörigkeitsgefühle und Fürsorge in einem in der Realität kaum wiederholbaren Maße institutionalisiert. In dem gruppentherapeutischen Miteinander sind die «echten» menschlichen Werte gefragt: Offenheit und Ehrlichkeit, Authentizität, Gefühlsbetontheit und körperlich-seelische Einigkeit.

So ist die «Geburt» von Gefühlen der Gruppenmitglieder zueinander relativ leicht: Es finden regelmäßige Therapiesitzungen statt, die Ausgangsposition der Hilfe suchenden oder vorübergehend verunsicherten Klienten ist vergleichbar, und die gegenseitige seelische Offenheit fördert Gefühle von Nähe und Vertrauen. Ungefähr die Hälfte aller Psychotherapieklienten sucht Hilfe aufgrund von Beziehungsproblemen. Die vielfältigen Möglichkeiten von Beziehungserfahrungen im Schutzraum einer Gruppentherapie sind für eine Aufarbeitung dieser Probleme eine einmalige Chance. Voraussetzung ist, dass das Gruppengeschehen nicht für andere Zwecke instrumentalisiert wird.

Wenn jedoch die Therapie keinen Schutzraum bietet, sondern unter dem Einfluss eines egozentrischen und machtbesessenen Therapeuten steht, ist die Gefahr groß, dass dieser das gruppentherapeutische Beziehungsgeflecht zu seinem eigenen Vorteil gestaltet und schließlich missbraucht. Welche Wirkung das haben kann, haben die geschädigten Klienten, deren Erfahrungen diesem Buch zugrunde liegen, erlebt.

Entsprechend gängiger gruppentherapeutischer Praxis hatten die Therapeuten das Beziehungsgeschehen ihrer Gruppen im Stil der Praxis und nach ihren eigenen Vorstellungen organisiert. Das ist, soweit es sich in den therapeutisch zulässigen Grenzen bewegt, «normal» und gehört zu einem durchdachten Therapiekonzept dazu.

In den Gruppentherapien der geschädigten Klienten ging der Einfluss der Therapeuten auf das Gruppengeschehen jedoch weit über die Grenzen des therapeutisch Zulässigen hinaus: Sie bestimmten, wann und wie oft sich die Klienten in ihrer Freizeit treffen sollten, mischten sich ein, wenn das Gruppenverhalten nicht ihren Vorstellungen entsprach, und sie nahmen vor allem selbst an diesem Gruppenleben außerhalb der therapeutischen Sitzungen bestimmend teil. Da die Therapeuten großen Wert darauf legten, dass die Klienten auch außerhalb der Therapie zusammenkamen, trugen sie ihnen u. a. therapeutische «Hausaufgaben» auf, die sie gemeinsam in der Freizeit erledigen sollten. Und nicht zuletzt stand auch gemeinsame Freizeitgestaltung auf dem therapeutischen Programm: Nicht nur gegenseitige Einladungen zu Geburtstagen und Praxisfesten, sondern auch Einladungen der verschiedenen Therapiegruppen einer Praxis untereinander banden jedes einzelne Mitglied immer stärker an das therapeutische Umfeld an. So waren nicht nur die bereits beschriebenen Gleichschaltungstendenzen in der Therapie und die rituelle Elterntrennung Auslöser dafür, dass die Gruppenmitglieder ihre Sozialkontakte außerhalb der Therapie stark reduzierten, sondern die zeitliche Bindung an die Gruppe bedeutete schlicht, dass die Zeit für andere Kontakte fehlte. Doch wen störte das schon? Das Gefühl, Mitglied einer solchen, scheinbar authentisch zusammengefügten und fest aneinander geschweißten Gruppe zu sein, war eine schöne Illusion.

Passend zu dem durch die Therapie hervorgerufenen Grundgefühl, innerhalb der Gesellschaft eine auserwählte, ungewöhnliche und in manchen Fällen auch angefeindete Sondergruppierung zu sein, bildeten sich in den Therapiegruppen auch äußerliche Merkmale des Zusammengehörigkeitsgefühls heraus. Zum Beispiel in Form von Autokennzeichen. Therapeuten und Klienten rüsteten beispielsweise, so abwegig es klingen mag, ihre Autos mit gruppenintern «erkennbaren» Nummernschildern aus: Zwischen dem Städtekennzeichen und der Ziffernkombination waren dies die Buchstaben LX.

Auch eine therapieinterne Sondersprache ist Kennzeichen eines sektiererischen Guppengefühls. Die Sprache der hier vorliegenden Therapieprotokolle bietet reichlich Beispiele dafür: Sie soll zwar bedeutungsvoll klingen, ist aber für Außenstehende schlicht unverständlich. Das gilt vor allem für die Beschreibung von Gefühlen: «A. ist berührt, erregt und in ihrer Peripherie. Sie stellt sich in die Welt hinein» soll beispielsweise heißen, dass es A. im Moment ganz gut geht. Außenstehenden drängt sich allerdings die Vermutung auf, dass die beschriebenen Gefühle ähnlich aufgebläht wie die Sprache sind.

Die Liste der offen und subtil eingesetzten Strategien, die die Therapeuten dazu benutzten, ihre Klienten mithilfe eines starken Gruppengefühls an die Therapie zu binden, ist lang. Eine Maßnahme war die zielgerichtete Ausbildung eines Elitebewusstseins:

In ihrem nach außen zur Schau getragenen Selbstbild, die besseren Heiler zu sein, ließen die Therapeuten keine Gelegenheit aus, ihre Klienten auf die Einzigartigkeit ihrer Behandlung hinzuweisen. Taktisch geschickt bezogen sie ihre Gruppen in dieses Gefüge der Selbstüberschätzung mit ein, sodass diese schließlich das Gefühl hatten, selbst die Avantgarde der Therapiegesellschaft zu sein. So grenzten sich Gruppen im Verlauf ihrer Therapie immer mehr vom «kleinbürgerlichen Mief» ihrer therapiefreien Umwelt ab. Nichts war schlimmer als das so gerne zitierte Schreckgespenst kleinbürgerlicher Spießigkeit. Beate K. erzählt:

«Leute, die nicht in der Therapie waren, wurden von unserem Therapeuten die ‹Zugeschissenen› genannt. Er sagte immer: ‹Guckt euch mal die Gesichter von diesen Zugeschissenen in der Stadt an, die haben ja von nichts 'ne Ahnung.› Permanent wurde das wiederholt, sodass man für sich selbst das Gefühl kriegte, ich bin was Besonderes, und ich habe die Gnade, diese Therapie mitmachen zu dürfen.»

Indem der therapeutische Größenwahn unmerklich auf die Gruppenmitglieder überging, verloren sie zunehmend das Gefühl für die Absurditäten und Widersprüche innerhalb ihrer Therapie und fühlten sich, da die Bewunderung ohnehin nur aus den eigenen Reihen kam, schließlich in anderen Zusammenhängen nur noch unwohl.

Kritik von außen wurde als Unkenntnis abgetan, die Klienten der psychotherapeutischen Praxenkette um das Zentrum in M. hielten sich in solchen Fällen an die bereits zitierte Therapieregel: *«Verstehen deine Nachbarn und Freunde dich nicht, bist du verantwortlich weiterzumachen, bis sie dich verstehen.»*

An diesem Punkt angelangt, ging der Stellenwert der Gruppe für die einzelnen Mitglieder schon längst über den einer therapeutischen Zweckgemeinschaft hinaus. Die unter Therapiebedingungen entstandene Nähe wurde immer stärker idealisiert, für viele wurde die Gruppe, mit der Autoritätsperson des Therapeuten im Zentrum, zum Familien- und Freundesersatz.

Je mehr jedoch die Therapie die Funktion einer Ersatzwelt bekam, umso weniger kamen die Klienten in der Realität zurecht. Statt die Patienten auf ein besseres und selbstbestimmtes Leben außerhalb von Therapie vorzubereiten, hatten die selbstbewussten Seelenheiler in Sachen Lebenstauglichkeit häufig das Gegenteil erreicht: Die Klienten waren abhängiger denn je, für viele war ein Ende der Therapie überhaupt nicht mehr vorstellbar. Es gab Klienten, die acht bis zehn Jahre in therapeutischer Behandlung waren. Positiv wirkte sich die Abhängigkeit letztlich nur auf das Selbstwertgefühl der Therapeuten und den Kontostand der Praxen aus.

In der ansteckenden Euphorie über die positiven Seiten des Gruppenkults nahmen Klienten seine hässlichen Seiten lange Zeit nicht wahr. Dabei waren, so ihre heutige Meinung, in der angeblich so offenen und vertrauensvollen Atmosphäre Neid und Missgunst, Intrigen und Eifersuchtsrangeleien kaum zu übersehen: «Jeder wollte der Beste sein und passte genau darauf auf, wie viel Zuwendung unser Therapeut anderen zukommen ließ.» Die versteckten Konflikte wurden mit therapeutischen Interpretationen und «Piep-Piep-Piep, wir haben uns alle lieb»-Spielchen überdeckt.

Dass das Gruppengebilde trotz dieser Brüchigkeit perfekt funktionierte, war das Resultat des vorhandenen Gruppendrucks. Eine Ehemalige:
«Ich weiß, dass einige Gruppenmitglieder eigentlich gar nicht an den Erfahrungstagen oder der Mittelwoche teilnehmen wollten. Sie wurden aber durch die Therapeuten ebenso wie durch die Gruppe psychisch unter Druck gesetzt, sodass sie letztlich doch daran teilnah-

men. Ihnen wurde u. a. erklärt, dass sie den Anschluss an die Therapie verlieren würden, wenn sie die Erfahrungstage und die Mittelwoche versäumten.»

So konnte die «Fluchtburg» auch «Zwangsgemeinschaft» sein. Die Freiheit der Patienten beschränkte sich auf den vorgegebenen Raum. Wer sich nicht an diese Grenzen hielt, hatte in der Therapie und auch in der Gruppe einen schweren Stand. Die loyalen Gruppenmitglieder spielten sich zur Entlastung und in der Hoffnung auf Zuwendung ihres Therapeuten häufig selbst zum Vertreter und Wächter seiner Therapie auf. Die nicht nur streng kontrollierte, sondern auch hierarchisch geordnete Gruppenstruktur war die ideale Bedingung dafür: Je weiter die Patienten in ihrer Therapie fortgeschritten waren, umso mehr waren sie bei den Gruppenmitgliedern akzeptiert.

Nur vor diesem Hintergrund ist zu verstehen, warum Anne O. bei ihrer nächtlichen Flucht aus der Wochenendtherapie ihre vormals so vertraute Gruppe wie eine feindliche Verfolgerhorde erschien.

6. Körpertherapeutische Übungen

Ursprünglich fand psychotherapeutische Behandlung nur verbal statt. Dem klassischen Psychoanalytiker waren körperliche Berührungen strikt untersagt und die Therapie beschränkte sich auf den Dialog zwischen dem auf der Couch liegenden Patienten und dem meist dahinter sitzenden Therapeuten.

Die Encounter-Bewegung der sechziger Jahre hat mit ihren Änderungen im therapeutischen Setting auch eine stark veränderte Erwartungshaltung an Psychotherapie mit sich gebracht. Gruppen- und Körpertherapie zogen vor allem Klienten an, denen es um ein gemeinschaftliches Erfahren und Nachspüren von Gefühlen ging. Spektakuläre Erfahrungsberichte über sensationelle Gefühls- und Körperempfindungen hoben sich für viele wohltuend von den zähen Ergebnisberichten der Psychoanalysen ab. «Ganz im Hier und Jetzt» waren schnelle und sichtbare Ergebnisse angesagt.

Ob nun, stark vereinfacht ausgedrückt, eine *langfristig* positive Wirkung von Psychotherapie eher bei den klassischen oder bei den spektakuläreren, körperorientierten Therapieformen zu erwarten ist, darüber ist sich auch die Fachwelt nicht einig, die in der Wirksamkeitsforschung sowieso hoffnungslos zerstritten ist.

Unumstritten scheint jedoch zu sein, dass richtig angewendete körpertherapeutische Übungen einen leichteren Zugang auch zu den Winkeln der Seele verschaffen können, die außerhalb des sprachlichen Bewusstseins liegen. Ausgehend von der (ebenfalls wohl unumstrittenen) Annahme, dass seelische Konflikte immer auch einen körperlichen Ausdruck finden und sich zum Beispiel in Muskelverspannungen niederschlagen, kann sich der Therapeut die körperlichen Signale für das Verständnis der psychischen Verfassung der Klienten zunutze machen.

Umgekehrt können gezielte Manipulationen des Körpers durch entsprechende Übungen psychische Reaktionen hervorrufen, die in ihrer Intensität überhaupt nur durch diese Art von Übungen erfahrbar sind. Dies gilt insbesondere für die Interventionen, die auf die Aufhebung von inneren Blockaden und das Fließen frei werdender Energien zielen. Am Ende dieser Übungen steht nicht selten ein Gefühlsausbruch, der längst vergessene Erinnerungen zum Vorschein bringt.

In dieser Wirkungsweise körpertherapeutischer Übungen liegen ihre Chance und Gefahr zugleich. Die Gefahr besteht darin, dass die gezielten Körpermanipulationen, wie die Erfahrung vieler therapiegeschädigter Klienten zeigt, quasi eine Grundlage für weiteren therapeutischen Missbrauch sind.

Damit keine Missverständnisse entstehen: Es ist nicht die Körpertherapie an sich, die kritisiert werden soll. Es geht auch nicht darum, die Wirkung verschiedener körperorientierter Therapiemethoden oder -schulen miteinander zu vergleichen und einige von ihnen als besonders gefährlich oder schädigend herauszustellen. Die entscheidende Frage ist vielmehr, was ein Therapeut aus diesen Methoden macht.

Wenn ein Therapeut insgeheim das Ziel verfolgt, die geschwächte Position des Klienten auszunutzen, dann bieten viele der körpertherapeutischen Methoden geeignete Mittel dazu. Das spricht nicht gegen die Methoden, sondern gegen den, der sie zweckentfremdet und missbraucht. Beate hat in ihrer fünfjährigen Therapie einen «kaputtmachenden Umgang» mit körpertherapeutischen Übungen erlebt:

«Die ‹Arbeit› ging bis an die Grenzen der Leistungsfähigkeit. Eine Übung, die wir häufiger machen mussten, war die so genannte Kackstuhl-Übung. Eine halbe Ewigkeit mussten wir so stehen, in halber Hocke, wie auf dem Klo. Irgendwann kommt der Punkt, da tut es nur noch weh, da zittert alles und man fühlt sich wie vor dem Zusammenbruch.

Wir hatten die Aufgabe, durch den Schmerz zu gehen, der irgendwann bei Körperübungen auftritt, weiterzumachen und gegebenenfalls zu schreien und zu toben, aber durch den Schmerz zu gehen und uns anzuvertrauen.»

Dafür gab es das Versprechen des Therapeuten, dass «hinter dem Schmerz eine neue Erfahrung kommt». Zu Therapiezeiten waren Beate und andere geschädigte Klienten sowohl von der Vertrauenswürdigkeit ihres Therapeuten als auch von der positiven Wirkung der Übungen überzeugt. Je lauter geschrien wurde, desto besser. Die Anstrengung, der Schmerz, die Angst, alles wurde zum Qualitätsmerkmal ihrer Therapie, deren erklärtes Ziel es war, «den Schmerz auszuhalten, weil danach die Erlösung kommt». Der körperliche Zusammenbruch für ein Himmelreich. Wer auf dem Weg dorthin schlappmachte, wurde von den Therapeuten angetrieben:

«Als ich bei einer Körperübung einmal sagte, dass ich nicht mehr kann, stellte der Therapeut sich vor mich hin und schrie mich an: ‹Meier, du kannst mehr, und noch 'ne Schüppe Kohlen drauf›, und schon kam man in eine Art Euphorie. Ich kann auch nicht erklären, was da für Energien freigesetzt wurden, jedenfalls kamen wir bis zur totalen Erschöpfung und so sahen wir auch aus, ausgehöhlt und schweißnass...»

«Ich fühle mich tief berührt» war einer der Standardsätze, mit denen man sowohl vor den Therapeuten als auch der Gruppe dokumentierte, dass man sich auf dem richtigen Weg befand. Wer nach den Übungen hilflos, zitternd und wimmernd am Boden lag, war in der Tat tief berührt, eine Etappe auf dem harten Weg der Therapie schien erreicht. Dankbar für die Intensität der Gefühle, verklärten die Klienten ganz normale Reaktionen zum Ergebnis besonderer therapeutischer Stärke und Intuition:

«Manche haben gekotzt und dann wurden Eimer verteilt. Unser Therapeut ging schon vorher durch den Raum und sagte voraus, wer kotzen wird, so nach dem Motto: ‹Die kotzt, der kotzt›, das war schon beeindruckend, wie der das vorher wissen konnte.»

In Wirklichkeit waren die Klienten Spielball massiver körperlicher Manipulation. Die Bandbreite der Übungen, die mit intensiven, körperlichen Erfahrungen zu seelischen Ausnahmezuständen führen können, ist groß und hat mit ungewöhnlichen Fähigkeiten von Therapeuten nicht viel zu tun. Eher mit normalen körperlichen Reaktionen auf Übungen wie z. B. die «dynamische Meditation». Diese dem inzwischen verstorbenen Bhagwan abgeguckte Übung war fester Bestandteil des Wochenendprogramms von Beates Therapie: Durch eine angeleitete schnelle Atmung bewirkt sie u. a. eine Hyperventilation, die stark gefühlssteigernd und bewusstseinsverändernd wirken kann. Durch die Abfolge verschiedener Tanz-, Atem- und Traumphasen wird die Wirkung noch verstärkt.

Nach einem solchen morgendlichen Einstieg schlugen die nachfolgenden Therapieübungen doppelt an. An den Wochenenden hieß das: Körperübungen sieben bis acht Stunden täglich, in den so genannten Therapiemarathons bis zu vier Wochen lang. Als Höchstleistungsprogramm präsentiert, brachten sie die Klienten reihenweise an den Rand des Zusammenbruchs, von den Therapeuten «Grenzerweiterung» genannt.

Offiziell fand diese «Behandlung» unter dem Vorzeichen der individuellen Ichfindung und Persönlichkeitsentwicklung der Klienten statt, aber nicht die Klienten entschieden, was sie taten und wie weit sie gehen konnten, sondern der Therapeut. Er legte Ausmaß, Intensität und Tempo der Übungen fest, erweiterte die Grenzen nach seinem Geschmack. Ein Nein wurde niemals akzeptiert, jede Verweigerung mit einer therapeutischen Erklärung im Ansatz zerstört: Der Klientin, die nach stundenlangen Übungen bei der «Einzelarbeit» einer anderen Klientin vor Erschöpfung einschläft, wird glaubhaft gemacht, sie flüchte vor dem Problem der anderen, und zwar deshalb, weil dieses Problem wahrscheinlich auch ihres sei. Sie ist also nicht einfach nur müde, sondern «stößt an ihren Widerstand».

Widerstand zu brechen war das erklärte Therapieziel. Besonders während der Wochenenden waren die Klienten nicht nur den körpertherapeutischen Interventionen, sondern noch einem zusätzlichen Stressprogramm ausgesetzt: Therapie rund um die Uhr, da war für Rückzug und Schlaf kaum noch Zeit:
«Wenn man Glück hatte, konnte man an dem gesamten Wochenende fünf oder sechs Stunden schlafen. Es kam dann schon vor, dass man einnickte. Das wurde mit einer Strafe von fünf bis zehn DM belegt. Es passierte ständig, dass Gruppenmitglieder aufgefordert wurden, Klienten, die sich zu Bett gelegt hatten, zur Gruppe zurückzuholen.»

Hugo Stamm, der Methoden totalitärer Gruppen untersucht, schreibt zum Thema Ermüdung:
«Verschiedene Gruppen fördern bewusst den Schlafentzug als Mittel

der Verhaltenskontrolle. Kultanhänger, die oft übermüdet sind, verlieren die Energie, nach dem Sinn und den Zusammenhängen zu fragen. Gleichzeitig wird ihre Widerstandskraft zusätzlich gelähmt. Sie erleben die Welt wie durch einen Schleier, als seien sie mit Medikamenten voll gepumpt. Außerdem wirkt die Indoktrination in solchen Phasen besonders gut ... In jedem Fall sind stark übermüdete Sektenanhänger willenlose Instrumente in den Händen des Gruppenkaders ...»

Die wirkliche und erhoffte Erlösung haben die Klienten, die mir ihre Geschichten erzählt haben, trotz größter Anstrengungen und Qualen nicht erreicht, im Gegenteil: Ihre Probleme haben sich auf zunächst unmerkliche, später nicht zu übersehende Weise vermehrt.

Zum Beispiel Rainer W.: 1994 hat er, gemeinsam mit seiner Frau, fachliche Hilfe für ihre Eheprobleme gesucht. Nach drei Sitzungen stellt das zweiköpfige Therapeutenteam fest, dass es wenig Sinn mache, eine Paartherapie zu beginnen, und schlägt den beiden eine Einzeltherapie vor. Wenige Wochen später wechseln beide auf Anraten ihrer Therapeuten über in eine Gruppentherapie (zwei verschiedene Gruppen in derselben Praxis).

Trotz einer gewissen Skepsis, die Rainer als Naturwissenschaftler gegenüber manchen Übungen hat, lässt er sich auf die therapeutischen Methoden und die etwas ungewöhnlichen Regeln und Sitten dieser Praxis ein, denn immerhin steht seine Ehe auf dem Spiel. «Wenn ihr gesund werden wollt, müsst ihr über eure Widerstände hinweg, und wer an seinen Widerständen stehen bleibt, will auch nicht gesund werden», wird ihm und der Gruppe oft genug gesagt und irgendwie glaubt Rainer an das höhere Ziel.

Bei einem der Therapiewochenenden wird er zu seinem eigenen Erstaunen von der Wirkung einer körperlichen Übungen geradezu überrollt: Plötzlich sieht er Bilder aus seiner Babyzeit im Kopf, gleichzeitig kommen sehr starke, einerseits fremde und doch irgendwie bekannte Gefühle auf. Völlig fasziniert von dem Gedanken, durch diese Therapie an Bewusstseinsschichten gelangen zu können, die er vor diesem Erlebnis für verschüttet hielt, erfüllt ihn eine tiefe Dankbarkeit. Von nun an, meint er, komme er auch an die Probleme heran, die ihm zeitlebens Schwierigkeiten bereitet haben.

Andererseits macht ihn dieses Erlebnis im Nachhinein doch etwas nachdenklich: Handelt es sich wirklich um Erinnerungen oder ist es Suggestion? Er ist verwirrt. Und wenn es wirklich stimmt, wie geht er mit der schmerzlichen Erinnerung um? Was ändert sie an seiner aktuellen Situation? Von seinem Therapeuten fühlt er sich in seinem lang anhaltenden Gefühlschaos nur wenig unterstützt. Zwar ist der, als bei der Übung der große Schmerz und das Erbrechen kommen, unterstützend da, eine anschließende Aufarbeitung in der Gruppe fällt jedoch unter den Tisch – für Rainers Erinnerungen ist an diesem Tag schlicht kein Platz.

Nach Abschluss seiner Jahresgruppe scheidet er aus der Praxis aus. Trotz seines Respekts für die Wirksamkeit der Übungen zweifelt er immer mehr an dem Nutzen dieser Therapie. Seine Kritik: «Kaum ist eine Wunde geheilt, reißen die Therapeuten die Kruste wieder ab.» Statt einer Verbesserung der Beziehungen außerhalb der Praxis stelle sich oft eine Verschlechterung ein. In schwierigen Eltern-, Liebes- oder Freundschaftsbeziehungen stand in aller Regel nicht Aufarbeitung, sondern Abbruch auf dem Plan.

Eine weiterführende Gruppe kommt für ihn nicht in Betracht, zumal ein einschneidendes Ereignis ihm jegliches Vertrauen nimmt: Nach einem Gruppenwochenende kehrt seine Frau mit einer schweren Psychose zurück. Sie sieht Bilder einer anderen Welt, schläft und isst nicht mehr und leidet unter starker Angst. Zwei Gruppenmitglieder haben sie nach Hause gebracht und Rainer in aller Kürze ihren Zustand erklärt: Er müsse nun sehr stark und vorsichtig sein, seine Frau sei nicht richtig bei sich.

Nach einer furchtbaren Nacht fahren die beiden auf Wunsch seiner Frau («Der Einzige, der mir helfen kann, ist mein Therapeut») in dessen Praxis. Hilfe bekommen sie dort nicht. Die Therapeuten verweisen auf einen Psychiater und melden die Frau angeblich schon einmal an. Als sie in der Kilometer entfernten neurologischen Praxis ankommen, ist dort niemand informiert. Noch einmal dauert es drei Stunden, bis sie eine Diagnose und Medikamente bekommen.

Tage später bittet Rainer um einen Termin mit dem Therapeuten. Doch statt eines einfühlsamen Gesprächs teilt ihm dieser mit, dass aus therapeutischer Sicht eine Psychose gar nicht so schlimm sei, da sie oftmals erst die Heilung einer seelischen Erkrankung einleite. Sei ein Klient auf dem Weg in eine Psychose, halte ihn ohnehin niemand auf. Eine Psychose entstehe, wenn es keine reale Lösung für Probleme gebe.

Und der wahre Grund des Problems sei in erster Linie Rainer als Ehemann. Kein Wort einer therapeutischen Fürsorgepflicht, kein Wort darüber, in welch bedrohlichem Zustand die Frau war, keine Entschuldigung dafür, dass sie von Gruppenmitgliedern nach Hause gebracht wurde, ohne dass eine ärztliche Versorgung gewährleistet war: Eine Psychose kommt, wann sie will, Verantwortung lehnt der Therapeut kategorisch ab.

In einem Punkt behält der Therapeut übrigens Recht. Der psychische Zusammenbruch von Rainers Frau zieht reale Veränderungen nach sich: Rainer sagt sich endgültig von der Praxis los und seine Frau leitet die endgültige Trennung ein. Rainer lebt heute mit dem gemeinsamen 14-jährigen Sohn allein in seinem Haus, seine mittlerweile von ihm geschiedene Frau zog zu einer Frau aus ihrer Gruppe und blieb in dieser Therapie.

Eins der größten Missverständnisse im Zusammenhang mit der Wirkungsweise von Körpertherapie scheint zu sein, dass nach dem Zusammenbruch automatisch die Heilung einsetzt.

Seit Beginn des Psychobooms wird in diversen therapeutischen Ansätzen den besonders schmerzvollen Gefühlsausbrüchen eine kathartische (reinigende) Wirkung nachgesagt. In der Konfrontation mit früheren Traumata liegt, so die Theorie, die Chance zu ihrer Aufarbeitung. Tief vergrabene Gefühle werden an die Oberfläche geholt und mit Zittern, Schreien und Toben ausagiert. Je tiefer der Fall, desto heilsamer der Effekt.

In der Tat gelangen die Klienten durch die körpertherapeutischen Übungen an tiefste Bewusstseinsschichten, nachdem ihre Abwehr zielsicher geschwächt und die Regression gefördert worden ist. Im Zustand völliger Regression können Klienten psychisch abhängig wie ein Säugling sein. Bei einem verantwortungsvollen therapeutischen Umgang mit diesem von manchen Therapierichtungen durchaus gewünschten Seelenzustand ist eine sehr starke Unterstützung und Begleitung eines persönlich gefestigten und integeren Therapeuten notwendig. Diese Voraussetzungen sind jedoch, wie die Realität auf dem Psychomarkt zeigt, längst nicht immer garantiert.

Wie eng positive Erfahrungen und tiefe seelische Erschütterung durch körpertherapeutische Arbeit beieinander liegen, hat sehr eindrucksvoll die ehemalige Psychoanalytikerin Alice Miller erlebt. In den achtziger Jahren hatte sie noch die Primärtherapie, und zwar insbesondere die des Schweizers J. Konrad Stettbacher und dessen spezifische Übungen, an «emotionale Blockierungen und verdrängte Erinnerungen» heranzukommen, in ihrem Buch «Abbruch der Schweigemauer» empfohlen. 1994 wandte sie sich radikal von diesen Methoden ab und warnt seitdem ausdrücklich davor, «dass die Primärtherapie mehr noch als andere Therapieformen dazu benutzt werden kann, Patienten zu manipulieren. Der Patient ist dann nicht mehr fähig, einen kritischen Abstand zum Therapeuten zu haben, falls er ihn vorher überhaupt hatte. Sehr viel Charakterstärke und Lauterkeit (würden) dazugehören, um nicht von dieser Macht in negativer Weise Gebrauch zu machen.»

Jedenfalls stehen Beweise für die seelenheilende Wirkung der tränen- und schmerzreichen Zusammenbrüche noch aus. Stattdessen haben Skandalgeschichten um tragische Todesfälle exzessive Körpertherapien in ein schlechtes Licht gerückt: In Berlin starb ein Klient an den Folgen einer Therapie. Er war in einem eingerollten Teppich erstickt, in dem er das «intra-uterine Eingeengtsein» nacherleben sollte. Doch auch die weniger spektakulären Fälle geben Anlass, die behauptete sensationelle Wirkung der Konfrontationsübungen infrage zu stellen. Allein die zitierten Beispiele zeigen in aller Deutlichkeit die Gefahren direktiv ausgeführter Körperübungen.

Beate K. hat ihre Psychose nur mit psychiatrischer Hilfe in den Griff bekommen und viele der geschädigten Klienten arbeiten ihre traumatischen Erlebnisse noch Jahre später mit ärztlicher oder psychotherapeutischer Unterstützung auf.

7. Geld und Moral

Über Geld spricht man nicht, schon gar nicht im Zusammenhang mit Therapie. Schließlich geht es hier um Herzensangelegenheiten und der Therapeut agiert als fachkundiger Helfer und Retter in der Not, die Psychotherapie ist ein Hort reiner Zwischenmenschlichkeit. So wird es gerne dargestellt und so wollen es alle sehen: Die Psychotherapie bietet den Raum, wo man wieder ganz Mensch sein kann, wo äußere Dinge wie zum Beispiel Finanzen keine Rolle spielen. Eine schöne Vorstellung.

Diese Vorstellung gefiel auch Rüdiger M., der eine Therapie begann, als ihm «das Wasser bis zum Halse stand». Er hatte sich als Tischler selbständig gemacht und dabei einen Berg von Schulden angehäuft. Seine Firma ging Pleite und danach ging es auch mit ihm persönlich bergab: Er bekam schwere Depressionen, machte einen Selbstmordversuch. 1991 sucht er Hilfe in einer Filiale der bekannten psychotherapeutischen Praxiskette.

Seine Therapeutin ist über seine finanzielle Misere informiert, schließlich ist der Schuldenberg der Grund für seine Therapie.

«Ich hatte ihr ganz klar gesagt, dass ich finanzielle Probleme hatte. Darum habe ich auch immer wieder gefragt, was mich die Therapie kosten würde. Sie hat meine Bedenken jedes Mal beschwichtigt und mir versichert, dass das schon irgendwie geregelt werden könne.»

Nach dem Motto «Lass dich erst mal richtig ein, der Rest regelt sich von selbst» werden die Bedenken des neuen Klienten vertagt. Die Tatsache, dass ihre Psychotherapie nicht von der Krankenkasse finanziert wird, behält die Therapeutin für sich. Dies und auch die nicht unwichtige Information, dass seine Therapeutin weder eine anerkannte Therapeutenausbildung hat noch Diplompsychologin ist, erfährt Rüdiger erst, lange nachdem er die Therapie begonnen hatte. Wie hätte er auch wissen können, dass seine Therapeutin *nicht* die notwendige Zulassung besaß? Und wie, dass der Briefkopf der Praxis suggerierte, es handele sich um anerkannte Therapeuten. Dort waren nämlich die Namen dreier Mitarbeiterinnen aufgeführt, darunter die Abkürzung ‹Dipl. Psych.›. Dass jedoch nur eine der Mitarbeiterinnen Diplompsychologin war, ging aus der Abkürzung nicht hervor. Im Übrigen wurde ausgerechnet die Diplompsychologin von den mir bekannten ehemaligen Klienten der Praxis niemals gesehen.

Was das für Konsequenzen für ihn haben würde, erfährt Rüdiger M. erst, als seine Krankenkasse ihm das mitteilt:
«Der nichtärztliche Therapeut muss Diplompsychologe sein und eine Ausbildung an einem anerkannten psychotherapeutischen Institut abgeschlossen haben ... Aus den Unterlagen, die sie nunmehr schickten, ergibt sich, dass diese Voraussetzungen nicht erfüllt sind ... Die Rechnung erhalten Sie daher anbei zurück.»

Zuvor hatte sich seine Therapeutin im regen Schriftverkehr mit seiner Krankenkasse um die Übernahme der Kosten bemüht. Dieser Briefwechsel beweist auch – was für den weiteren Fortgang der Geschichte nicht unerheblich ist –, dass sie die seelische Verfassung ihres Klienten sehr wohl einzuschätzen weiß.

Sie schreibt:
«Herr ... M. ist bei uns seit dem 11. 2. 1991 in Therapie. Der Beginn

einer Psychotherapie war nach einem Suizidversuch dringend erforderlich. Bei Herrn M. ist ohne lang dauernde therapeutische Unterstützung mit erneuten schweren depressiven Reaktionen zu rechnen. Herr M. ist aufgrund des Zusammenbruchs seiner beruflichen Existenz und enormen Schwierigkeiten in seiner Beziehung äußerst gefährdet.»

Nach langem Hin und Her und einer Überweisung von einem anerkannten Nervenarzt gibt die Krankenkasse schließlich klein bei und sagt die Kostenübernahme zu – allerdings erst ab dem Zeitpunkt der Bewilligung.

Doch auch für die bereits abgehaltenen Stunden fällt der Therapeutin eine für sie und den verschuldeten Klienten passende Lösung ein: Sie datiert die bereits abgeleisteten Stunden in den Zeitraum vor, für den die Kasse die Kosten trägt.

Einen Haken hat die Sache allerdings noch: Die Zahlungen der Krankenkasse gehen auf das Konto von Rüdiger M., wo das Geld direkt nach der Überweisung der Tilgung der Schulden dient. Die Therapiekosten bleiben unbezahlt, und schon bald hat Rüdiger M. bei der Praxis neue Schulden in Höhe von ca. 2200 DM angehäuft. Gleichzeitig zweifelt er immer mehr an Methode und Inhalt seiner Therapie:

«Die Therapie war überhaupt nicht auf meine spezifischen Probleme gemünzt. Die finanzielle Situation, die ich zu lösen hatte, musste ich selbst lösen. Geholfen hat mir eher der Schuldenberater. Er kam einmal mit in eine Therapiestunde und hat der Therapeutin meine Situation geschildert. Das hat die gar nicht verstanden. Sie meinte, ich müsste erst mal etwas anderes lernen. Zum Beispiel sollte ich lernen, mit zwei verschiedenen Socken nach draußen zu gehen. Wenn ich das schaffte, würde ich mich irgendwann freier fühlen. In der nächsten Sitzung hat sie mich gefragt, ob ich es getan hätte, und ich sagte: ‹Ja, hab ich gemacht, aber gucken Sie sich mal meine Füße an.› Ich hatte Stiefel an. Das fand sie gar nicht gut. Dabei wollte ich sie nur darauf hinweisen, dass ich keine Probleme mit anderen Leuten, sondern mit der Kohle hatte.»

Nach einem Jahr bricht Rüdiger M. seine Therapie ab. Danach hat die um den suizidgefährdeten Klienten so besorgte Therapeutin nur noch eins im Sinn: Sie will so schnell wie möglich an ihr Geld und schaltet einen Anwalt ein. Dieser leitet eine Lohnpfändung bei Rüdigers neuem Arbeitgeber ein, woraufhin er seinen Arbeitsplatz verliert:

«Meine Therapeutin schien absolut nicht gewillt, mit mir eine Regelung über die Rückzahlung zu treffen. Der Rechtsanwalt hat mir gesagt, ich solle aufhören, in der Praxis anzurufen oder zu schreiben. Meinen Arbeitgeber hat er gefragt, ob er nicht das 13. Monatsgehalt im Voraus zahlen könne. Schließlich ist es zu einer Lohnpfändung und Kontosperrung gekommen. Ich denke, dass die Lohnpfändung der Grund für meine Kündigung war.»

Auch wenn die Methode eher enttäuschend und antitherapeutisch erscheint: Dass Rüdiger M. schließlich zahlen musste, ist völlig normal und gehört zum therapeutischen Verhältnis. Hätte seine Therapeutin ihm das gleich gesagt, hätte sie ihm eine Enttäuschung und mehr erspart.

Unklarheiten in der Therapiefinanzierung gehörten in der psychotherapeutischen Praxiskette zum Stil des Hauses. Die Preise für Einzel- und Gruppentherapie waren immer nur auf bohrende Nachfrage zu erfahren, die für längere Veranstaltungen wie Wochenendfahrten etc. wurden erst kurz vorher bekannt gegeben. In einer Praxis sagte mir die Sekretärin auf meine Frage nach den Kosten, ich müsse erst ein Erstgespräch machen, bevor finanzielle Fragen beantwortet würden.

Auch für Sonderveranstaltungen wurde den betroffenen Klienten der Preis erst genannt, wenn es kein Zurück mehr gab: *Nach einem so genannten «Praxentag» (einer eintägigen Therapieveranstaltung) kassierte die Therapeutin 150 DM in bar von jedem Teilnehmer. Zuvor war ihnen gesagt worden, dass dieser Tag wie eine Einzeltherapiestunde abgerechnet werde, also deutlich niedriger.*

Als ideologische Rechtfertigung dieses Geschäftssinns gilt: Therapie ist kein Billigprodukt und nicht im Supermarkt zu haben. Therapie ist Arbeit an sich selbst und wem es ernst ist, der schaut nicht auf den Preis. Kleinkrämer hatten in der Praxis einen schweren Stand.

Der «kleinkarierte Schrebergartentyp» wurde nicht nur zur Beseitigung moralischer Grenzen bemüht, sondern auch gerne zitiert, wenn es darum ging, den Klienten das Geld aus der Tasche zu ziehen: 350 DM für ein Wochenende, 1000 DM für die Woche, ca. 10 000 DM für den mehrwöchigen Marathon – bei solchen Summen ging es niemals darum, ob sich jemand die Therapie leisten *kann*, sondern ob er es *will*, unabhängig davon, ob die Krankenkasse zahlt oder nicht.

Zahlte die Krankenversicherung nicht, etwa weil dem Therapeuten die nötige Zulassung fehlte, wurde das mehreren Klienten nicht als Nachteil, sondern als therapeutische Chance verklärt. Die dahinter stehende Logik hebelt jeden Sozialversicherungsgedanken aus: «Wenn du für deine Therapie selbst zahlst, *spürst* du, was du tust. Du entscheidest dich *bewusst* für diesen Weg.»

Ein Beispiel aus einem der Therapieprotokolle zeigt, wie Geldausgeben zu einem therapeutischen Thema gemacht worden ist: «Hubert A. erzählt, dass er gerne in Urlaub gefahren wäre. Er bekam jedoch ein attraktives Arbeitsangebot und verzichtete auf die Ferien, um seine Schulden abzubauen. Er wurde krank und konnte dieses Vorhaben nicht ausführen. Kurz darauf fuhr er mit seinem Auto gegen einen Bus. Dieser Unfall verursachte mehr Kosten, als der gesamte Urlaub gekostet hätte. Hubert erkennt diese Zusammenhänge: So mit Geld zu knausern führt zu Schulden. Das, was wir versuchen zu vermeiden, produzieren wir ständig – in diesem Beispiel Schulden.»

Vor dem Hintergrund einer solchen Philosophie war die Zahlungsbereitschaft der Klienten keine Frage des Kontostandes, sondern Ausdruck ihrer Therapiemoral. Um die unter Beweis zu stellen, gaben sie «ihren letzten Pfennig her». Der in der Praxis favorisierte elitäre Lebensstil tat ein Übriges, die Klienten an die Grenzen ihrer Zahlungsfähigkeit zu bringen.

«Wer auf dem Geld sitzt, ist nicht in Bewegung», lautete die Aufforderung zur kollektiven Prasserei. Viele der ehemaligen Klienten berichten, dass sie sämtliche Ersparnisse verbraucht, Kredite aufgenommen oder Freunde und Verwandte angepumpt haben, um sich die Therapie leisten zu können.

Beate K. z.B. zahlte noch fünf Jahre nach Beendigung ihrer Therapie ihre Kredite ab, Anne O. bügelt Herrenhemden, um ihre Schulden loszuwerden. Zu ihren Therapiezeiten hatte der lockere Umgang mit Geld scheinbar einen höheren Sinn. «Du kannst nicht fließen, wenn dein Geld nicht fließt», hatte der Therapeut gesagt. Wie das Geld geflossen ist, hat Andrea Z. erlebt:

«Einmal fragte uns der Therapeut: ‹Was ist euch die Therapie bei mir wert?› Eine Frau sagte: ‹Ich hab noch ein Grundstück, das würde ich dir gerne schenken.› Andere sagten: ‹Ich hab noch soundso viel Geld auf dem Konto, das kannst du haben.› Er ist reich von uns beschenkt worden ...»

Es war hier üblich, den Therapeuten nicht nur zum Geburtstag, sondern auch zu Weihnachten und anderen Anlässen mit Geschenken «eine kleine Freude zu machen». In Andreas Gruppe waren es meist sehr teure Geschenke wie Flugtickets, Stereoanlagen oder Ähnliches.

Persönliche Interessen, Geldgier oder gar Betrug hätten die Klienten ihren Therapeuten niemals unterstellt. Nur so ist zu erklären, dass sie bereitwillig zu Mitwissern in Sachen Steuerhinterziehung wurden. Jahrelang war es üblich, Therapiegelder bar zu kassieren und keine Quittungen auszustellen. Teilweise sammelten die Gruppenmitglieder das Geld untereinander ein und übergaben es ihrem Therapeuten, der sich auf diese Weise neben den Steuern auch noch Verwaltungsaufgaben ersparte.

Statt um ihr eigenes Portemonnaie sorgten sich die Klienten um das Wohlergehen ihres Therapeuten. Sie übernahmen eifrig kostenlose Dienste und Hilfsarbeiten. Die Gegenleistung war ihnen ihren Einsatz wert: das von allen so begehrte Gefühl, anerkanntes Mitglied der Therapiegruppe zu sein.

Auch wenn jemand aus der Gruppe mal in Geldschwierigkeiten kam, wurde das Gemeinschaftsgefühl bemüht und neue Geldquellen wurden aufgetan: Die Klienten organisierten Flohmarktstände, gründeten einen Putzservice oder liefen Reklame als lebende Litfaßsäulen. In der Gruppe machte das Geldverdienen Spaß, war kreativ, verstärkte das Gruppengefühl und hatte zudem noch einen vermeintlich therapeutischen Sinn.

So war es auch nicht sonderlich schwer, von den Klienten Kredite für die Praxis zu bekommen. Die Grundidee: Alle beteiligen sich an einem gemeinsam zu vermehrenden Besitz.

Geradezu euphorisch war die Stimmung, erinnert sich Beate, «als der erste Hauskauf in Amerika anstand». Amerika, das Land, in dem die Gestalttherapie ihre Wurzeln hat, wo der Meister gelernt hat, von dort versprach man sich Freiheit, Weite und Grenzenlosigkeit. Als der Therapeut schließlich ein Farmhaus am Meer auf der «Insel der Millionäre», St. Simons Island, fand, war die Begeisterung groß. Dass dieses Haus nicht ohne ihr Geld zu finanzieren war, fanden die Klienten nicht anrüchig, sondern schmeichelhaft. Die finanziellen Transaktionen wurden als feierliches Ereignis inszeniert. Gruppenweise fuhren die Klienten in die Praxis, wo sie der Rechtsanwalt und Intimfreund ihres Therapeuten schon erwartete. Die Verträge waren bereits vorbereitet, die Klienten standen Schlange, um zu unterzeichnen. Die Praxis räumte großzügig Ratenzahlung ein, so konnte sich kaum einer aus finanziellen Gründen entziehen. Außerdem: Wo sonst war es möglich, für 150 DM im Monat Hausbesitzer in Amerika zu werden? Die Geschäftsidee war ebenso lukrativ wie raffiniert: Eine Gruppenreise in ein Haus in Amerika, das allen gemeinsam gehört, war ein attraktives Angebot. Dazu noch eine Segelyacht, vielleicht auch noch ein eigenes Flugzeug, wer wäre da nicht begeistert? Das sind Bedingungen, die es im realen Leben nicht gibt. Dass die Benutzung des «gemeinsamen» Hauses in Amerika zwar immer im Zusammenhang mit einer kostenintensiven, daher für die Praxis wieder rentablen Therapiebehandlung stand, wurde nicht bedacht. Die Brieftaschen der Klienten öffneten sich wie von selbst angesichts dieses Himmelreiches.

Mit Therapie hatte das Ganze natürlich nichts zu tun. Dass es im Sinne der Therapeuten so gut funktionierte, war das Ergebnis der Abhängigkeit, die sie inzwischen bei ihren Klienten erzeugt hatten. So gaben die meisten ihre Ersparnisse gerne hin in dem guten Gefühl, sich mit jeder Mark ein Stückchen mehr in die Glitzerwelt der Praxis einzukaufen. Dass sie stattdessen in eine doppelte Abhängigkeit durch emotionale Verstrickung *und* Verschuldung gerieten, nahmen sie erst wahr, wenn es zu spät war.

Obwohl das Geschäftsgebaren dieser psychotherapeutischen Praxis eher die Ausnahme als die Regel ist, zeigt es dennoch exemplarisch die Grundzüge eines unternehmerischen Verhaltens, das typisch ist für den grauen Psychomarkt. Zumindest steht es in krassem Widerspruch zu der Tatsache, dass Psychotherapie, ökonomisch gesehen, eine Dienstleistung ist wie jede andere. Während jedoch beim Friseur die Preise vergleichbar sind, werden finanzielle Fragen in vielen psychotherapeutischen Praxen als sekundär dargestellt und sind undurchschaubar.

Durch die Ausblendung ökonomischer Gesichtspunkte wird die Therapie zu etwas Besonderem verklärt, zu einer Leistung, die mit Geld überhaupt nicht zu bezahlen ist.

Der Preis für diese Haltung ist verstärkte Abhängigkeit: Viele Klienten fühlen sich angesichts einer demonstrativ zur Schau getragenen Großherzigkeit in des Therapeuten Schuld, die selbst mit persönlichem Arbeitseinsatz oder auch materieller Gegenleistung nicht angemessen wieder gutzumachen ist. Klienten, die für ihre Therapeuten die Praxis renovieren oder einen Garten anlegen, sind auf dem Psychomarkt keine Seltenheit. Den Mitarbeitern der Kölner Beratungsstelle VESUV sind mehrere Therapeuten bekannt, die ihre Klienten Botendienste übernehmen oder andere Arbeiten erledigen lassen – «merkwürdigerweise sind auch jede Menge Therapeuten darunter, die sehr angesehen sind und von denen man meinen sollte, dass sie das gar nicht nötig haben».

Im Sinne einer klaren Therapeuten-Klienten-Beziehung ist Klarheit in den finanziellen Rahmenbedingungen eine wichtige Voraussetzung. In der Realität jedoch – zumindest auf dem Markt nicht kassenzugelassenen Therapeuten – scheinen Schwarzrechnungen keine Seltenheit zu sein. Fast alle Klienten, die ich kennen gelernt habe, haben Sonderveranstaltungen wie Therapiewochenenden etc. schwarz bezahlt.

Vor solchen Deals mit Therapeuten kann nur gewarnt werden. Schwarzzahlungen kommen Steuerhinterziehung gleich und sind ein erster Schritt in eine schwer kontrollierbare Therapieverstrickung: Der Therapeut, der seine Klienten zu Mitwissern krimineller Handlungen macht, begibt sich in Abhängigkeit davon, dass seine Klienten ihm wohlgesinnt und verschwiegen sind. Dass Klienten auf diese Weise unter Druck geraten können, liegt auf der Hand.

8. Wie erkennt man Grenzüberschreitungen in der Therapie?

Die Palette der Grenzüberschreitungen in der Therapiesituation ist breit und auch für Fachleute nur schwer zu überschauen. Sie reicht von einem unklaren Therapiebeginn über missbräuchlich angewandte Körpermethoden, führt in Extremfällen zu sexuellem

Missbrauch und hört bei finanzieller Ausbeutung noch lange nicht auf. Doch wo fängt der Missbrauch an? Wo liegt die Grenze? Wenn selbst Fachleute sich nicht einig sind, wie man die Spreu vom Weizen trennt, wie können die Klienten Kurpfuscher und Scharlatane erkennen?

Mit der – wünschenswerten – Berichterstattung zum Thema steigt gleichzeitig die Verunsicherung der Klienten und immer wieder wird der Ruf nach verlässlichen Kriterien laut. Das Bedürfnis der Klienten nach konkreten Anhaltspunkten ist groß, sie erhoffen sich auf diesem Weg Argumentationshilfe und einen gewissen Schutz. Denn solange es keine nachvollziehbaren Kriterien zur Beurteilung ethischer Unbedenklichkeit von Therapie gibt, können skrupellose Therapeuten ihren Klienten unter dem Deckmantel therapeutischer Indikation jeden Unsinn als sinnvolle Maßnahme verkaufen.

Andererseits werden auch immer wieder Argumente *gegen* die Aufstellung eines Kriterienkatalogs zur Erkennung von Grenzüberschreitungen laut. Eins davon lautet, dass die Grenzen der Klienten nur schwer zu objektivieren seien. Jede Festlegung habe die Funktion einer Norm und wirke dem Anspruch auf subjektive Empfindung entgegen.

Das ist richtig, denn tatsächlich bietet das eigene Gefühl den besten Schutz vor Übergriffen jeder Art – vorausgesetzt, die Klienten können ihren Gefühlen trauen. Das ist in missbräuchlichen Therapiesituationen jedoch leider selten der Fall, weil die involvierten Therapeuten alles tun werden, das gesunde Empfinden zu zerstören. Zu ihrem eigenen Schutz reden sie den Betroffenen ihre Wahrnehmungen aus oder erklären sie zum krankhaften Symptom. Und meist hat die systematische Verwirrung Erfolg: Die Klienten verlieren zunehmend den Glauben an ihr Gefühl und den Blick für die Realität.

Die nachfolgend genannten Kriterien, die der münstersche «Arbeitskreis gegen Grenzverletzung und Missbrauch in Therapie und Ausbildung zusammengestellt hat, sollen das Erkennen von schädigendem Therapeutenverhalten erleichtern. Sie stellen weder einen Anspruch auf Vollständigkeit dar, noch wollen sie pauschal verurteilen. Es sind Anhaltspunkte, mehr nicht.

Der äußere Therapierahmen
muss *vor* Beginn der Therapie klar und eindeutig sein. Dazu gehören:
- Verbindliche Vereinbarungen über Therapiezeiten, z. B. wöchentliche Termine, zusätzliche Veranstaltungen (Wochenendgruppen oder Abschlusswochen), Absagefristen, Urlaubsregelung, geplante Dauer der Therapie etc. Ständiges Überschreiten der verabredeten Therapiezeiten beinhaltet die Gefahr, dass die Therapie einen anderen Stellenwert im Leben eines Klienten einnimmt als ursprünglich geplant.
- Verbindliche Vereinbarung über den Ort, an dem die Therapie stattfinden soll.
- Verbindliche Vereinbarungen über Kosten und Zahlungsweise. Die Klienten haben das Recht zu erfahren, ob und welchen Anteil die Krankenkasse übernimmt, was eine mögliche Gruppenfahrt kostet, welcher Verpflegungsaufwand zu erwarten ist etc. Therapiestunden ohne Rechnung sollten generell vermieden werden.
- Bezahlung durch Gegenleistungen wie Haus- oder Gartenarbeit, Kinderhüten, Autowäsche oder Steuerberatung sollten ebenfalls abgelehnt werden.

Der Therapeut
- sollte weder um die Methode noch um seine Ausbildung und Qualifikation ein Geheimnis machen. Wenn Fragen nach der

Therapierichtung entweder nicht ernsthaft oder nur unverständlich beantwortet werden, ist Skepsis angesagt. Akademische Titel sagen wenig aus über persönliche Kompetenz.
- Er muss sich selbst und seine Probleme, Wünsche und Bedürfnisse in den Hintergrund stellen. Eine wie auch immer geartete private Beziehung zu den Klienten hat in einer seriösen Therapie keinen Platz.
- Er darf unter keinen Umständen eine sexuelle Beziehung zu Klienten aufnehmen.
- Er darf seine Klienten in keiner Weise von sich abhängig machen.
- Er darf seinen Klienten nicht verbieten, mit anderen Menschen über die Therapie zu sprechen.
- Er hat seine Klienten entsprechend zu respektieren und ihnen gegenüberzutreten.

Die Klienten
haben das Recht
- auf ein unverbindliches Erstgespräch und einen Entscheidungsspielraum.
- auf Wertschätzung seitens des Therapeuten und Respektierung ihrer Grenzen. Sie haben das Recht, nein zu sagen.
- ihre bestehenden sozialen Kontakte aufrechtzuerhalten.
- auf jederzeitigen Abbruch der Therapie.
- alles anzusprechen, was ihnen in der Therapie womöglich nicht behagt, ohne dafür kritisiert zu werden.

Wichtigste Grundlage für eine Therapie mit Aussicht auf Erfolg ist nach wie vor das Vertrauen zwischen dem Therapeuten und seinen Klienten. Die Zeiten, da der Titel Psychotherapeut allein das Vertrauen der Klienten garantierte, sollten vorbei sein.

Das Geschäft mit der Therapie

1. Zur Rolle der Therapeutenpersönlichkeit

«Dass Menschen einer den anderen mit rein psychologischen Mitteln stark beeinflussen und einander helfen können, steht außer Zweifel. Nicht, ob Psychotherapie wirkt, ist die Frage ... dies versteht sich von selbst –, sondern was es für Elemente sind, welche die Wirksamkeit ihrer vielen verschiedenen Formen erklären» («Die Heiler»).

40 Jahre nach Erscheinen von den «Heilern», in denen der Psychotherapieforscher Jerome D. Frank der Frage der Wirkung von Psychotherapie nachging, ist die Forschung kaum einen Schritt nach vorn gekommen. Obwohl jährlich Dutzende neuer Therapiemethoden und Schulen den Psychomarkt ins Unüberschaubare anwachsen lassen, ist in der Forschung nach wie vor ungeklärt, wie und wodurch Psychotherapie überhaupt wirkt. Seit einigen Jahren äußern sogar Psychotherapeuten der vordersten Front öffentlich ihre Zweifel an der Leistungsfähigkeit ihres Berufs.

1994 sorgte der Berner Professor Klaus Grawe für viel Aufregung mit seiner als «Psychotherapeutischer Warentest» bekannt gewordenen Studie, die der Psychoeuphorie einen empfindlichen Schlag versetzte. «Wer die Psychologie liebt, hat oft Anlass, sich der Psychotherapie zu schämen» war sein erster Satz, und seine Studie spricht der überwiegenden Zahl der therapeutischen Methoden jede Wirksamkeit ab.

Mit seinem Rundumschlag holte Grawe gegen Vertreter modischer Sonderwege und althergebrachter Richtungen gleichermaßen aus. Auch die klassische Langzeit-Psychoanalyse, die sich über Hunderte von Behandlungsstunden hinzieht, kam nicht ungeschoren davon: «Zwischen Nachfrage und Kompetenz klafft eine Lücke, die inzwischen so groß ist, dass selbst Mitglieder der Therapeutenzunft ihre Kritik nicht mehr nur in Insider-Zirkeln äußern.» Grawe fordert verbindliche Kriterien für Qualitätskontrolle und Leistungsstandards bei Psychotherapie. Notwendig seien Richtlinien für die Berufsausübung und -ethik.

Wenn also die Wirksamkeit nicht nachvollziehbar ist, was führt die Klienten dann in eine bestimmte therapeutische Praxis?

In dieser Frage sind sich die Therapieforscher einig. Es ist weniger die Art der Behandlungstechnik als die *Persönlichkeit* des Therapeuten. Zum einen macht eine noch so perfekte Beherrschung der therapeutischen Methoden allein keinen guten Therapeuten aus, und zum anderen führt nicht jeder Therapeut seine Therapien schulmäßig korrekt durch.

Es scheint so zu sein, dass Therapeuten, die über eine besondere Ausstrahlung, über so genanntes Charisma verfügen, besonders erfolgreich sind. Mit einem besonderen «Ruf», evtl. exzentrischem Lebensstil, außergewöhnlicher Lebensweise oder demonstrativer Selbstinszenierung ziehen sie Klienten geradezu magisch an. Es sind jene Therapeuten, die sich, so der Psychotherapeut Christoph Schmidt-Lellek in seiner Untersuchung über narzisstischen Machtmissbrauch in der Psychotherapie, «von der Normalität, vor allem von der eigenen (oft als eingeengt erlebten) ‹Normalität› unterscheiden». Als Grund für die Attraktivität dieser Therapeutencharaktere führt er «vor allem eine Wunschphantasie des Klienten, von einem ‹besonderen›, einer aus dem Alltäglichen herausragenden Persönlichkeit gerettet bzw. umgeformt zu werden» an. Geprägt sei die Anziehungskraft charismatischer Therapeuten also vor allem von «Restbedürfnissen nach Außeralltäglichkeit im Rahmen einer entzauberten Welt». Da sich die Wirkung von Psychotherapie sowieso schwer beweisen lässt, ist der Hang, an sie *glauben* zu wollen, nachvollziehbar.

Die Psychokette von Klaus M. aus M. ist mit ihren 13 Therapiepraxen ein eindrückliches Beispiel dafür.

Der Weg dieser psychotherapeutischen Praxen war von Anfang an von dem geprägt, was Peter Conrad in seinem Aufsatz «Psychokult als Unternehmen» die *auratische Vernebelung* nennt: «Der Gründer oder die zentrale Figur einer solchen Institution bezieht nicht selten seine Attraktivität daraus, dass er sich in klassischer Manier als Bilderstürmer, als grundlegender Neuerer oder revolutionärer Umwälzer ausgibt.» Mit entsprechendem Resultat: Obwohl nur wenige wissen, wie Klaus M. überhaupt zum Beruf des Therapeuten gekommen ist und welche Therapieform er praktiziert, gilt er als Psychoguru.

Zum einen hat er die «Vernebelung» durch geschickte Selbstinszenierungen vorangetrieben, zum andern trugen seine Klienten durch Bewunderung und Unterwürfigkeit zu dem Personenkult bei. Sie nahmen die ihnen präsentierte Mischung aus Guru-Gehabe und Geschäftssinn begierig auf und trugen dazu bei, dass die Praxis innerhalb kürzester Zeit ein Selbstläufer war. Sie dichteten ihrem Psychomeister außergewöhnliche Fähigkeiten an, was ihn wiederum bestätigte. Ein Ausschnitt aus einem Therapieprotokoll zeigt, wie weit die Gläubigkeit der Klientel zuweilen ging:
«Er liest unsere Körper und lehrt. Er legt seine Hand an eine Körperstelle, und jeder wird komplett.»

Selbst ein inzwischen abgesprungener therapeutischer Mitarbeiter der Praxis berichtete mir, man könne M. viel vorwerfen, nicht abzustreiten seien aber seine «außergewöhnlichen Fähigkeiten».

Am Anfang der steilen therapeutischen Karriere von Klaus M. stand seine Hochzeit mit einer Psychologentochter. Bis dahin hatte er Pädagogik und Psychologie studiert. Damit lag er zu Beginn der siebziger Jahre zwar voll im Trend, wusste aber, dass Pädagogik letztendlich eine brotlose Kunst war. Psychotherapie war für die meisten noch ein Fremdwort, es gab nur wenige niedergelassene Therapeuten in der Stadt. Aber die Praxis seiner zukünftigen Schwiegereltern lief gut und der junge M. witterte seine Chance: Er ahnte, dass Psychotherapie ein Geschäft mit Zukunft war.

Nach einem Aufenthalt in Amerika, dem Gestalttherapie-Mekka der siebziger Jahre, kehrte M. mit neuen Ideen zurück. Und schon bald war seine Therapie dafür berühmt, etwas Besonderes zu sein – wo sonst hätten Therapieklienten schon so bizarre Therapieaufgaben zu lösen gehabt wie bei ihm? M. fand Gefallen an seiner neuen Position und baute das Image eines mystisch begabten, theoretisch und wissenschaftlich versierten Spezialisten aus. Sehr zum Ärger der Therapeutenzunft nahm er von jeher für sich in Anspruch, Wegbereiter der Bioenergetik und Gestalttherapie gewesen zu sein.

Zu Beginn seiner Laufbahn war M. Mitte 20. Auf welche Ausbildung er zurückgreifen kann, ist nur bruchstückhaft bekannt – wissenschaftlich nach den in Deutschland geltenden Kriterien ist sie jedenfalls nicht. Das therapeutische Handwerk hat er nach Selbstauskunft bei verschiedenen Lehrern in Amerika gelernt. In den Listen der in Deutschland anerkannten Ausbildungsinstitute tauchen diese Namen nicht auf.

Rechtliche Probleme, eine Praxis zu führen, hatte er nie. Durch einen einfachen organisatorischen Trick rechneten seine Praxen auch mit den Krankenkassen ab: über Mitarbeiter, die offiziell zugelassen waren und mit den Kassen abrechnen konnten.

Trotz seiner gönnerhaften Haltung gegenüber einer universitären Ausbildung mochte M. selbst auf akademische Grade nicht verzichten und wartete zunächst mit einem Doktor-, später auch mit Professorentitel auf. Seine Klienten sprachen in der Öffentlichkeit respektvoll vom Herrn Professor.

Ausgerechnet bei der Frage nach seinem Therapiekonzept legte M. eine eher untypische Zurückhaltung an den Tag. Abgesehen von einigen «Therapiemerksätzen», die die Klienten seiner psychotherapeutischen Praxenkette mit auf den Weg bekamen, gibt es keinerlei Veröffentlichungen von ihm, geschweige denn wissenschaftliche Publikationen. Stattdessen stellte sich heraus, dass auch die Merksätze ein Plagiat waren: Eine ehemalige Klientin fand sie zu ihrer großen Überraschung in einem Psychoratgeber des amerikanischen Autors Paul Williams wieder. In dem Bändchen, das unter dem Titel «Lass Los» 1983 im schweizerischen Sphinx-Verlag und zehn Jahre zuvor in den USA erschienen war, heißt es beispielsweise zum Thema Schuld:

«Schuld ist eine Form von Selbsthass. Keiner profitiert von deinem Schuldgefühl. Außer du selbst.» Bei M. heißt es etwas umständlicher: «Schuld ist eine Form des Selbsthasses, keiner – außer dir – profitiert von diesem Gefühl der Schuld.»

Und zum Thema Sicherheit sagt Williams: «Sicherheit ist eine Glaswand.» Bei M. wird daraus: «Sicherheit ist eine Wand aus Glas.»

Eine richtige Anhängerschaft wird ihrem Meister aber auch diesen Beleg peinlicher Geltungssucht verzeihen.

Wenn also die Persönlichkeit des Therapeuten entscheidend ist, bedeutet das umgekehrt, der beste Schutz vor Missbrauch ist die Integrität des Therapeuten.

Als wünschenswerte Therapeuteneigenschaften werden von Therapieforschern immer wieder «Echtheit», «Wärme», «einfühlendes Verstehen» und «Wertschätzung der Klienten» genannt. Doch diese Charaktermerkmale sind längst nicht immer garantiert. Der Fall M. ist nur ein Beispiel von vielen.

Ob die Vielzahl der gestörten Persönlichkeiten innerhalb der Psychobranche Ursache oder Wirkung der Berufswahl ist, wird noch diskutiert. Christoph Schmidt-Lellek geht davon aus, dass der Beruf an sich eine magische Anziehungskraft auf narzisstisch gestörte Menschen ausübt,

«da er narzisstische Bedürfnisse in besonderem Maße zu befriedigen scheint: Auf dem Therapeutenstuhl befindet man sich in einer Rolle, in der einem eine hohe Autorität zugeschrieben wird; Klienten und Klientinnen begegnen einem mit Bewunderung, unkritischer Anerkennung, keinen bohrenden Fragen nach den ‹wahren› Hintergründen und Motiven des Handelns ... man lebt in einem Gefühl der Besonderheit, des besonderen Wissens, einer Auserwähltheit mit quasireligiösen Anteilen und zuweilen auch einem entsprechenden Sendungsbewusstsein ...»

Da nach Meinung der Sozialforschung gerade die Menschen in helfende Berufe geraten, denen in der Kindheit zu wenig Liebe zuteil geworden ist, ist die Schlussfolgerung nahe liegend, dass diese narzisstisch gekränkten Persönlichkeiten selbst auf der Suche nach Liebe und Anerkennung sind. Werden diese Wünsche im Rahmen von Therapie ausgelebt, bedeutet das einen Missbrauch der therapeutischen Situation. Auch Monika Becker-Fischer und Gottfried Fischer stellten in ihren Forschungen über Täterpersönlichkeiten bestimmte Charakterkonstanten fest: Sie

«gewannen den Eindruck, dass den Verwicklungen der Therapeuten, bei denen nicht primär mangelnde Ausbildung oder aktuelle Belastungssituationen zu narzisstisch sexuellem Missbrauch der Patientinnen führen, gravierende Persönlichkeitsstörungen vorliegen. Diese Störungen scheinen in vielen Fällen auf unaufgearbeiteten traumatischen Kindheitserfahrungen zu beruhen.»

Neben den bereits vor ihrer Berufsausübung vorhandenen Defiziten bei den Therapeuten werden zunehmend auch die «persönlichkeitsdeformierenden» Gefahren des psychotherapeutischen Berufs an sich untersucht: Angesichts der geradezu verführerischen Machtposition scheint es nicht einfach zu sein, der Versuchung des Machtmissbrauchs zu widerstehen und *nicht* in die Rolle des Gurus zu fallen. Hinzu kommt, dass Therapeuten häufig nur eine mangelhafte Erfolgsbilanz zu verzeichnen haben, was nicht unbedingt ihnen, sondern anderen Wirkungsfaktoren zuzuschreiben ist. Schädlich für die Patienten ist in jedem Fall, wenn die Therapeuten eine Therapie der «schnellen Effekte» anstreben oder auf «Erfolgsjagd» gehen (Schmidt-Lellek).

Letztlich geht es darum, ob und wie sich der einzelne Klient vor unlauteren Therapeuten schützen kann. Doch spätestens hier kommen die Therapieforscher auf unsicheres Terrain – die Therapeutenmoral entzieht sich jeder wissenschaftlichen Überprüfbarkeit. Patentrezepte für die Wahl des richtigen Therapeuten gibt es also nicht, die Therapeuten-Klienten-Beziehung ist von ganz individuellen Bedingungen geprägt. Darum weisen Therapieführer immer wieder auf die Bedeutung der «inneren Stimme» der Klienten hin, die letztlich die einzige Möglichkeit zur Beurteilung eines Therapeuten ist. Der Ruf ist es jedenfalls nicht unbedingt. Insofern ist es wichtig zu wissen, dass man sich auf der Suche nach einem Therapieplatz durchaus mehrere Therapeuten «ansehen» kann.

2. Die schnelle Mark mit Therapie

Auch wenn es sich mit der «charismatischen Umnebelung» nicht zu vertragen scheint: Psychotherapie ist in erster Linie keine Berufung, sondern ein Beruf. Ein Psychotherapeut muss, zumindest wenn er eine freie Praxis betreibt, Geld verdienen. Therapie ist, wie jedes andere Gewerbe auch, von einer Kosten-Nutzen-Rechnung bestimmt. Das Ausklammern finanzieller Motive ist besonders häufig bei Psychotherapeuten zu beobachten, die sich eher als eine Art sakrosankter Heiler präsentieren. Lukrativ scheint diese Verkaufsstrategie zu sein, betrachtet man die rapide Vermehrung pseudotherapeutischer Angebote.

Der kommerzielle Aspekt von Psychotherapie ist alles andere als anrüchig, sondern gehört ganz selbstverständlich zur Therapie. Problematisch wird das unternehmerische Interesse von Therapeuten erst dann, wenn es auf Kosten der Therapiequalität und damit auch zulasten der Klienten geht. In puncto Gewinnmaximierung sind nämlich einer verantwortlich arbeitenden psychotherapeutischen Praxis viel engere Grenzen als herkömmlichen Dienstleistungsunternehmen gesetzt. So sind beispielsweise Rationalisierungsmaßnahmen durch Umstellung von Einzel- und Gruppentherapie nicht immer problemlos durchführbar.

Dennoch tummeln sich natürlich auch in der Psychobranche Vertreter, die – euphemistisch ausgedrückt – geschäftstüchtiger sind als ihre Kollegen. Als extremes Negativbeispiel hat vor einiger Zeit der amerikanische Psychiater Kenneth Olson auf sich aufmerksam gemacht. Im Bundesstaat Wisconsin hatte er bei einer Klientin, die multiple Persönlichkeitsstörungen hatte, unter Hypnose 120 Persönlichkeiten festgestellt, u. a. eine Ente, den Teufel und verschiedene Engel. Daraufhin hat der Psychiater die Einzelbehandlung der Patientin als Gruppentherapie in Rechnung gestellt: Er forderte 300 000 Dollar, woraufhin die Klientin vor Gericht zog – und gewann.

Einen ähnlich abstrusen Fall beschreiben Monika Becker-Fischer und Gottfried Fischer in ihrem Buch über sexuellen Missbrauch: Der amerikanische «Liebestherapeut» Mc Cartney hat nach eigenen Angaben «über 40 Jahre lang jeden Tag nahezu 150 Fälle behandelt».

Jenseits dieser beiden Extrembeispiele für therapeutische Profitgier sorgen immer mehr Therapeuten zwar mit weniger drastischen, aber ebenfalls ökonomisch ausgefeilten und unter dem Strich «untherapeutischen» Methoden für ihr finanzielles Wohlergehen: Einige Beispiele für Geschäftstüchigkeit:

Erstens lassen sich Rentabilitätssteigerungen durch neue Absatzmärkte erzielen. Dies kann – wie Hans Zygowski in *Psychologie heute* beschreibt – durch immer neue therapeutische Methoden für immer neue «Störungen», «durch eine Psychologisierung selbst organisch verursachter Störungen und durch ‹Therapie für Normale› (zum Beispiel Selbstfindungsworkshops am Wochenende)» geschehen.

Zweitens ist die Ausweitung und anschließende Bindung von Klientenstämmen erforderlich. Manche Therapeuten gewinnen ihre Klienten auf dubiosen Wegen. Eine therapiegeschädigte Frau, die an diesem Buch mitgewirkt hat, hatte ihren Therapeuten in einer Fortbildungsveranstaltung des Landesjugendamtes Nordrhein-Westfalens kennen gelernt. Dort hatte er als Kursleiter in die Technik des Psychodramas eingeführt. Im Falle dieser Frau sollte es nicht dabei bleiben: Die Übung brachte Gefühle zutage, mit denen sie weder gerechnet hatte noch fertig werden konnte. Der Kursleiter machte ihr daraufhin das Angebot, die Aufarbeitung des Problems bei ihm in einer Therapie vorzunehmen. Das Ergebnis war eine dreijährige Therapie, an deren Ende ein sexueller Missbrauch durch den Therapeuten und ein von ihr eingeleitetes Berufsverfahren vor dem Berufsverband deutscher Psychologen (BDP) stattfand.

Die Anwerbung von Klienten in therapiefremden Institutionen ist keine Seltenheit und läuft nach folgendem Muster ab:

Therapeuten leiten Kurse in Volkshochschulen oder anderen Bildungseinrichtungen und werben die Seminarteilnehmer nebenbei für eine Psychotherapie in ihren Praxen. Angesichts des Konkurrenzdrucks auf dem Psychomarkt ist es eher unwahrscheinlich, wenn Weiterbildungseinrichtungen in Zukunft vor solchen Therapieanwerbern geschützt wären.

Um den einmal gewonnenen Klientenstamm möglichst hoch zu halten, muss dieser an die Praxis gebunden werden. Das ist schon dadurch manipulierbar, dass nicht etwa die Klienten, sondern die Therapeuten bestimmen, wann der Therapiebedarf gedeckt ist.

3. Psychotherapeuten in der Wirtschaft

«Wenn man wirklich Millionen machen will, dann ist der schnellste Weg der, eine eigene Religion zu starten.»

Diese Aussage wird Ron Hubbard, dem Gründer der Scientology-Sekte, zugeschrieben. Mittlerweile ist seine Organisation ein internationaler Konzern, der Milliardengewinne erzielt. Der Plan hat funktioniert, weil die Scientologen ihren Aktionsradius auf den Bereich der Wirtschaft ausgedehnt haben. Vor allem wirtschaftliche Führungskräfte stehen im Zentrum ihres Interesses. Unternehmensberatung heißt das Zauberwort der Sekte. Mit diversen Trainingsprogrammen für typische Manager- und Personalchefprobleme wie Karrieredruck, körperliche Stresssymptome und Mobbing sind die Scientologen international erfolgreich.

Die Scientology-Church gilt als die derzeit «aktivste und aggressivste Wirtschaftssekte», sie ist aber nicht die einzige. Z. B. ist der ökonomische Erfolg der Mun-Bewegung auch darauf zurückzuführen, dass ihr gleichnamiger Guru automatisch nicht nur die Ehepartner seiner Anhänger als Klienten gewinnt, sondern auch ihren Einsatz als Arbeitskraft. Die Zeugen Jehovas verkaufen jährlich 12 Millionen Bücher und Heftchen und machen damit einen erheblichen Gewinn und auch die Sanyasin wagen sich inzwischen auf wirtschaftliches Terrain. Die Anhänger des 1990 verstorbenen Bhagwan bieten ihre «Ganz entspannt im Hier und Jetzt»-Philosophie in Kursen für gestresste Manager in ganz Europa an. Von der Öffentlichkeit weitestgehend unbeobachtet, machen sich die «kleineren Geschwister» der großen Sekten auf wirtschaftlichem Sektor breit. Mit Kursangeboten wie «Persönlichkeitstraining für Führungspersonal» oder «Zum Umgang mit der Angst» erobern sich lt. Peter Conrad seit einiger Zeit mehr oder weniger seriöse Psychotherapeuten in führenden Wirtschaftsunternehmen zunehmend einen Platz.

Das Dienstleistungsangebot, das dadurch entsteht, hätte kaum eine Chance, ginge es nicht mit einem Image-Wandel von Psychotherapie einher. Psychologische Lebenshilfe wird nicht mehr ausschließlich mit angeknacksten Seelen in Zusammenhang gebracht, Psychotherapie – so hat man erkannt – leistet mehr. Sie kann auch für die «gesunden» Seelen von wirtschaftlichen Führungskräften geschäftsfördernde Wirkung haben.

Ob die vielen Kursangebote oder sonstigen Psychohilfen halten, was sie versprechen, ist pauschal nicht zu beurteilen. Nachprüfbar ist aber, dass viel Unheil gestiftet wird. Im günstigsten Fall verliert der Kunde nur sein Geld, im schlimmsten gerät er, wie bereits beschrieben, in einen Sog von Abhängigkeit.

Noch vor 15 Jahren wäre es undenkbar gewesen, dass ein Therapeut Psychotherapie und wirtschaftliche Aktivitäten vermischt. Die in den siebziger Jahren entstandene Therapiebewegung stand im Zeichen des alternativen Lebensstils der 68er- und Nachfolgegeneration. Antiautoritäre Erziehung, freie Sexualität und neue Wohn- und Arbeitsformen waren angesagt. Konsum- und Leistungsorientierung waren Ideale der (groß)elterlichen Generation – diese suchte ihr Lebensglück im Gegenmodell: gegen die Eltern, gegen gesellschaftliche Normen und Zwänge, gegen die herrschende Politik, Leistungsdruck und Konsumzwang. Das Leben sollte lebenswerter, die Beziehungen glücklicher, das Arbeiten befriedigender und die gesellschaftlichen Verhältnisse gerechter sein.

Die Leitfiguren des Psychobooms fühlten sich diesen Zielen verpflichtet und waren in vielen Fällen selbst Angehörige der Alternativkultur.

In den neunziger Jahren hielt ein anderer Geist Einzug. Die früheren Ideale waren verflogen, die Stimmung in der Alternativszene war umgeschlagen von Protest zu fröhlicher Teilnahme am

Zeitgeist-Lebensgefühl. Beruflicher Erfolg, Leistungsfähigkeit und hohe Gehaltsgruppen werden nicht mehr infrage gestellt, angezweifelt wird allenfalls der Weg zu diesen Zielen. Zu beobachten ist der Trend, dass die Alt-68er und ihre Nachfolger ihre am WG-Küchentisch entwickelte Vorliebe für Psychogespräche in die Chefetagen der bundesdeutschen Wirtschaft importiert haben.

Dass heute ehemalige Sanyasin mit ihren orangefarbenen Pumphosen auch ihre Skrupel abgelegt haben und in Anzug und Krawatte ihre Heilslehren in Managementschulungen verkaufen, bestätigt diesen Trend.

Ausstieg aus der Therapie

1. Probleme beim Ausstieg aus der Therapie

«Obwohl ich schon so lange keine Therapie mehr mache, habe ich immer noch das Gefühl, ihn zu verraten, wenn ich über meine Erfahrungen mit meinem Therapeuten rede. Irgendwie hat er es geschafft, mir Schuldgefühle einzuimpfen. Ich traue mich phasenweise kaum unter Leute und fühle mich manchmal sehr klein. Man braucht unheimlich lange, um sich davon zu lösen. Ich weiß eigentlich nicht, wie er das geschafft hat. Mein Verstand sagt mir, dass er mich missbraucht hat, aber mein Gefühl ist ganz anders. Wenn ich höre, es geht ihm nicht gut, er ist krank, dann würde ich ihn gern besuchen, ihm Blumen bringen und fragen, was ich für ihn tun kann. Das Gefühl ist immer noch da.»

Britta L. hat eine mehrjährige Gruppentherapie bei Peter G., einem Schüler von Klaus M., vor mehreren Jahren beendet. Obwohl sie genau weiß, dass ihre Entscheidung für sie existentiell wichtig und richtig war, hat sie die Auswirkungen dieser Therapie bis heute nicht verwunden. Sie musste mehrere Wochen stationär in einem psychiatrischen Krankenhaus behandelt werden und leidet immer wieder an Depressionen.

An manchen Tagen glaubt sie, sie habe den Absprung endlich geschafft: dann, wenn sie «ihr ganz normales Leben» leben kann, in ihrem Beruf als Lehrerin an einem Gymnasium im Ruhrgebiet und als Mutter zweier Töchter, von denen die eine wegen einer schweren Krankheit viel Zuwendung braucht.

Doch dann kommt die Verzweiflung plötzlich wieder, diese grenzenlose Verwirrung. Hin- und hergerissen zwischen Wut, Trauer, Verlustgefühlen, Scham, Sehnsucht und Angst weiß sie überhaupt nicht mehr, was richtig ist. Einerseits hat ihr der Therapeut «so viel gegeben», andererseits hat er sie «bis in alle Ewigkeit enttäuscht».

Zu Therapiezeiten war sie davon überzeugt, sein «Schätzchen» zu sein. Aus gutem Grund: Er hatte sie häufig bevorzugt, weswegen sie von den anderen heftig beneidet wurde. Er nahm sie in Schutz, wenn andere Gruppenmitglieder sie kritisierten, und machte ihr Komplimente über ihre schönen Beine.

«Er hat mir in mein Therapietagebuch geschrieben: ‹Du bist eine ganz tolle Frau.› Ich habe die Seite später rausgerissen, weiß aber, wo sie ist und dass ich sie wiederkriegen kann. Ich weiß genau, dass mir das nicht gut tut, aber manchmal glaube ich, ich brauche diese Seite, um als Frau zu zählen. Schließlich hat es mir mein Therapeut gesagt und ob das ein anderer oder mein Mann sagt, ist egal, nur mein ehemaliger Therapeut zählt. Auch nicht vorbei ist dieses Gefühl, einen Vater zu suchen. Er hat genau die Rolle für mich gespielt, die ich brauche. Ich hatte ja nie die Chance, mich damit auseinander zu setzen, dass ich diesen Vater nicht kriegen kann und damit fertig werden muss. Er hat es auf seine Art geschafft, mir das Gefühl zu geben, er sei das für mich. Außerdem hat er mich nie fertig gemacht so wie andere. Er hat mich immer beschützt und diesen Schutz suche ich heute noch.»

Welche Seiten sein Schutz auch haben konnte, bekam Britta bei einem Therapiewochenende zu spüren. Bei der Verteilung der Aufgaben für das Wochenende hatte der Therapeut für Britta die Rolle seiner Krankenschwester vorgesehen. Während die anderen Gruppenmitglieder Gartenarbeiten zu erledigen hatten, Mundschenk waren oder für Aufräumarbeiten eingesetzt waren, sollte sie den kranken Therapeuten pflegen. Sie brachte ihm Essen und Trinken ans Bett, schüttelte seine Decken auf und maß seine Temperatur. Peter G. scheute nicht einmal davor zurück, sich von ihr seine Hämorrhoiden mit Salbe behandeln zu lassen. «Das war völlig selbstverständlich damals», sagt Britta, sie sei überhaupt nicht auf den Gedanken gekommen, dass dies ein Missbrauch der therapeutischen Situation sein könne. Im Gegenteil, sie fühlte sich sogar geehrt. Die anderen Gruppenmitglieder wären neidisch auf sie gewesen. Peinlich sei es nur gewesen, als ein anderes Mitglied aus dem Team, der Kameramann, «mit einem schmierigen Grinsen auf dem Gesicht» zugeguckt habe.

Heute weiß sie: Die Krankenschwester-Rolle war der Höhepunkt einer Reihe von Grenzüberschreitungen. Der Therapeut hatte anstelle seiner Klientin die Rolle des Bedürftigen übernommen und damit die vorgegebene Rollenverteilung bei einer Therapie vertauscht.

Was Britta längst verstanden hat, lässt ihr Gefühl aber nicht zu, weil diese Erkenntnis ihr wehtut. So sehr, dass sie sich zuweilen das Gegenteil einredet: «Ich habe mich in ihm nicht getäuscht, er hat mich wirklich gemocht.» In solchen Momenten kann sie sich nicht eingestehen, dass sie jahrelang einem Idealbild hinterhergelaufen ist. Sie möchte einfach nicht glauben, dass er sie ausgenutzt hat, weil sie sich dann selbst nicht mehr trauen kann.

Dieser Gefühlszwiespalt ist nur ein Problem, das Britta mit anderen Therapiegeschädigten teilt. Dabei scheint es weniger auf die Dauer der Therapie anzukommen als auf den Grad der Grenzüberschreitungen. Frauke H. hatte bereits massive Probleme, obgleich sie schon nach fünf Monaten ihre Gruppentherapie aufgegeben hatte. Viele der betroffenen Klienten haben jedoch wie Britta vier, fünf oder noch mehr Therapiejahre hinter sich. Von allen werden folgende Probleme aufgezählt, mit denen sie zu kämpfen haben: Verlust der Bezugspersonen und Einsamkeit, Orientierungslosigkeit, Ängste, Depressionen und Verschuldung. Eine traurige Bilanz, wenn man bedenkt, dass die Therapie ihnen bei der Bewältigung ihrer Schwierigkeiten helfen sollte. Aber sie empfinden wie Britta: «Nach der Therapie ist alles noch viel schwerer als vorher.»

Diese Empfindung passt zu einem Therapiekonzept, das weniger auf ein Leben außerhalb als innerhalb der Therapie ausgerichtet war. War ein Therapieabschnitt beendet, begann nahtlos eine neue Therapiegruppe. Auf die Einzeltherapie folgte die Gruppentherapie, danach folgten «Fortgeschrittenengruppen»: Therapie als Non-Stop-Programm. Therapiezeiten von sechs Jahren und mehr waren in der von Britta gewählten Praxiskette keine Seltenheit. Einem vorzeitigen Ausscheiden aus einer laufenden Therapiegruppe beugte u. a. das gefürchtete Abschiedsritual vor: Die Gruppe bildete einen Kreis, der scheidende Klient stand in der Mitte und verabschiedete sich, indem er jedem einzelnen Gruppenmitglied gegenübertrat. Während er die Gründe für den Weggang nannte, kam er in der Regel unter Rechtfertigungs- und moralischen Druck. Die Gruppe hatte die Argumentationsmuster der Therapeuten verinnerlicht und übernahm es von sich aus, die Abschiedsgründe zu erklären: «Wer geht, läuft vor sich selber weg, kann sich nicht einlassen, hat Widerstände» etc. Ein Weggang war immer eine persönliche Schwäche und darüber hinaus unfair und unmoralisch gegenüber den anderen.

Aus therapeutischer Sicht ist die Notwendigkeit einer Abschiedszeremonie natürlich begründbar: Der Klient macht sich den Abbruch bewusst und lernt, dazu zu stehen. Viele der Klienten, mit denen ich gesprochen habe, zogen es allerdings vor, ohne Ritual zu gehen. Sie waren sich nicht sicher, ob sie das ausgehalten hätten.

Wer den Absprung geschafft hatte, wurde anschließend mit einer Art Fluch des Therapeuten und der Gruppe belegt: Ab sofort brachen die Kontakte ab, Einladungen blieben aus, niemand rief an. Manche Aussteiger haben sogar erlebt, dass ehemalige Gruppenmitglieder die Straßenseite wechselten, wenn sie sich zufällig trafen.

Nach einer Zeit intensiven Therapie- und Gruppenlebens bedeutet der Abbruch der Therapie für die jeweiligen Klienten, dass sie in ein tiefes, soziales Loch fallen. Je intensiver der emotionale Zusammenhalt der Gruppe erlebt wurde, umso härter ist die Desillusionierung hinterher. Nicht nur die wöchentlichen Therapietermine, sondern auch gemeinsame Freizeitveranstaltungen mit der Gruppe fallen ersatzlos aus. Frühere Beziehungen zu Eltern, Geschwistern, Freunden und Bekannten haben durch jahrelange Vernachlässigung tiefe Risse bekommen und sind oft auf ein Mindestmaß reduziert oder ganz zerstört. Liebesbeziehungen, soweit sie vor der Therapie bestanden, haben diese Zeit nur in Ausnahmefällen überlebt. Schlagartig wird klar: Die Wärme und Intimität des Gruppengefühls erlischt sofort, wenn man den Schritt nach außen tut.

Nur selten löst der Abbruch einer grenzüberschreitenden Therapie gute Gefühle aus. Fast alle Therapieaussteiger geben an, gleichzeitig verletzt und wütend, aber auch traurig und verwirrt zu sein. Eine zentrale Rolle in dem Gefühlschaos spielt naturgemäß der Therapeut. Wenn dieser sich nach dem Abbruch abwendet, wird vielen Klienten erstmals bewusst, dass seine weit über den Rahmen der Therapie hinausgehende Fürsorge und Zuwendung nicht ehrlich gemeint war. Wendet sich ein Klient ab oder äußert offene Kritik, zieht sich der Therapeut auf die rein geschäftliche Ebene zurück. Dieser abrupte Stimmungswechsel fällt den Therapeuten nicht schwer, während für die Klienten eine Welt zusammenbricht.

Nur in Ausnahmefällen regt sich offener Widerstand. Die Betroffenen schweigen aus Verunsicherung, Scham und Angst vor Repressionen. Viele fühlen sich auch lange Zeit nach Abbruch der Therapie von ihrer Gruppe verfolgt und fürchten, zurückgeholt zu werden. Eine ehemalige Klientin traut sich seit Jahren nicht, in die Stadt zu gehen, aus Angst, ihren früheren Gruppenmitgliedern zu begegnen. Eine andere fürchtete jahrelang, Krebs zu bekommen, weil sie die Therapie abgebrochen hatte. Ein Zusammentreffen mit dem Therapeuten vermeiden die meisten um jeden Preis.

Der Gedanke an Situationen völligen Ausgeliefertseins, an Abhängigkeit, Unterwürfigkeit und Kritiklosigkeit erfüllt die Aussteiger auch Jahre später noch mit großer Scham: Warum haben sie das bloß alles mitgemacht? Die größte Angst ist jedoch, dass der Therapeut seine Schweigepflicht verletzt und sein Wissen über ihre persönlichen Probleme und ihre geheimsten Seiten missbraucht.

Nichtsdestotrotz gibt es mehr Therapieaussteiger auch aus kulthaft organisierten Gruppen als behauptet. Viele beenden ihre Therapie, sobald sie feststellen, dass sie nicht das Richtige ist, und setzen sich über den Gruppendruck hinweg. Schwieriger wird es für diejenigen, bei denen die Abhängigkeit von den emotionalen, sozialen und auch finanziellen Bindungen durch die Therapie schon weiter fortgeschritten ist. Offizielle Anlaufstellen für therapiegeschädigte Klienten gab es bis Mitte der neunziger Jahre nicht. Während Sektenaussteigern Beratungsstellen, Sektenbeauftragte und eine Fülle von Fachliteratur zur Verfügung stehen, sind Therapieopfer bisher auf sich allein gestellt. Erst in den letzten Jahren etablierte sich auch in diesem Bereich langsam eine Beratungsszene (Adressen s. Anhang). Das Thema des Therapiemissbrauchs ist den meisten Ärzten, Psychologen und Beratern allenfalls im Zusammenhang mit sexuellem Missbrauch bekannt. Die verheerenden Folgen aller anderen Formen therapeutischer Behandlung mit missbräuchlichem Charakter kennen die wenigsten.

Nicht umsonst wird jedoch auch der Abbruch einer Therapie mit dem Begriff «Ausstieg» beschrieben. Strukturelle Ähnlichkeiten zu Sekten sind durchaus vorhanden. Die Erlebnisse von Klienten aus autoritär und dirigistisch geführten Therapiegruppen führen zu ähnlichen Folgen wie die Erfahrungen von Sektenanhängern: einer schmerzvollen Desillusionierung und einer tiefen Verletzung ihres Selbstwertgefühls. Die Klienten fühlen sich in ihrer gesamten Identität infrage gestellt. Nach Beendigung der Therapie sind sie wieder auf die Probleme zurückgeworfen, die sie in die Therapie geführt haben. Doch obwohl deutliche Ähnlichkeiten bei Ausstiegsproblemen zwischen Sekten- und kulthaften Therapiegruppen bestehen, bringt die öffentliche Meinung Sektenaussteigern gegenüber größeres Verständnis auf. Das private und öffentliche Unverständnis den Nöten des Therapieaussteigers gegenüber hängt mit der allgemeinen Einschätzung von Therapie zusammen. Therapiegeschädigten unterstellt man leicht, sie seien womöglich selbst schuld. Wer eine Therapie macht, hat es nötig, ist schon geschädigt – Opfer einer Sekte kann jeder werden, da rutscht man halt so rein. Für Therapieopfer kommt erschwerend hinzu, dass sie sich auf eine Folgetherapie zur Bearbeitung ihrer ersten Therapieerlebnisse oft nicht einlassen möchten. Viele scheuen einen erneuten Versuch und nehmen die potentielle Hilfe von Psychotherapie nicht mehr an. Die Angst, wieder enttäuscht zu werden, ist zu groß.

Dank der nach und nach einsetzenden Veränderungen in der Beratungslandschaft und eines verstärkten Medieninteresses ziehen sich inzwischen nicht mehr alle Therapiegeschädigten still zurück. Vor allem die Gründung von Selbsthilfegruppen ist sehr hilfreich (s. Anhang). Immer mehr Therapiegeschädigte wählen von sich aus den Weg in die Öffentlichkeit und setzen sich bewusst über ihre Scham hinweg. Auch diese Form der aktiven Auseinandersetzung kann zu einer besseren Verarbeitung der Folgeprobleme führen.

2. Erfahrungsbericht eines Therapieopfers

Eva E. ist doppelt geschädigt: durch ihre eigenen Therapieerfahrungen und durch die ihres Ehemanns. Beide haben eine Therapie in einer Zweigstelle der ausführlich zitierten psychotherapeutischen Praxis von Klaus M. aus M. gemacht. Sowohl sein Therapeut als auch ihre Therapeutin waren dessen ehemalige Klienten und hatten bei ihm eine Therapieausbildung gemacht.

Sie haben Wochen und Monate am Rande des Zusammenbruchs gelebt, Wahrheit und Lüge nicht mehr unterscheiden können und vor allem den Glauben an sich selbst verloren, erzählt Eva. Als ihr Mann mal wieder ein Wochenende mit seiner Freundin aus der Therapiegruppe verbrachte, habe sie es tagsüber gerade geschafft, ihren drei Kindern etwas zu essen zu geben. Sie selbst habe sich mit Beruhigungstabletten über den Tag und mit Alkohol durch die Nacht gebracht.

Einen fünfwöchigen Klinikaufenthalt bezeichnet sie als ihre Rettung. Dort habe sie ganz allmählich gelernt, wieder an ihre eigene Wahrnehmung und ihre Gefühle zu glauben. Plötzlich wusste sie wieder, dass ihr manches in der Therapie von Anfang an nicht gepasst hatte: dass sie sich von der Therapeutin, bei der sie als Putzhilfe gejobbt hatte, zu einer Therapie überredet gefühlt hatte. Dass sie immer häufiger zur Mitwisserin von Geschichten anderer Klienten, auch ihres Mannes, gemacht wurde und dass das, was die Therapeutin an einem Tag sagte, am nächsten Tag schon nicht mehr galt.

«Das Schlimmste war, dass meine Therapeutin vorgab, mich zu mögen und mir helfen zu wollen. Als ich dann Vertrauen hatte und mein Inneres nach außen kehrte, hat sie ihr Wissen gegen mich genutzt. So ein Vertrauensmissbrauch tut weh. Das will man einfach nicht wahrhaben und schon zweifelt man an sich selbst.»

Am meisten hat sie getroffen, dass ihre Therapeutin ihrem Mann angeboten hatte, im Falle einer Scheidung und eines Sorgerechtsverfahrens zu bescheinigen, dass Eva psychisch krank sei.

Die ganze Praxis habe über sie und ihre Eheprobleme gesprochen. Dermaßen in die Ecke gedrängt und angesichts der damals nicht zu übersehenden Begeisterung ihres Mannes für die «tolle Therapie», habe sie geglaubt, keine Chance zu haben.

Heute würde sie es anders sagen: «Ich hatte das Gefühl, gegen diese Therapie keine Chance zu haben. Letztendlich habe ich mithilfe qualifizierter Therapeuten in der Klinik, die Autonomie und nicht Abhängigkeit bezweckten, zu mir zurückgefunden. Und diese Chance habe ich wahrgenommen, sonst wäre ich nie an den Punkt gelangt, an dem ich heute bin.»

Inzwischen sind Eva und ihr Mann wieder ein Paar. Ihr Mann hat die Therapie einen Monat nach ihrem Klinikaufenthalt abgebrochen. Beide sagten als Zeugen in einem Prozess gegen die Therapeuten aus. In diesem Zusammenhang tauschten sie sich mit anderen therapiegeschädigten Klienten dieser Praxis aus. Der Prozess endete mit einer Geldstrafe für die Therapeuten: nicht wegen ihrer Therapiemethoden, sondern wegen Abrechnungsbetrugs.

Dennoch: Eva ist fest davon überzeugt, dass ihr ihre aktive Gegenwehr gegen die Methoden dieser Praxis geholfen hat. Diese Erfahrungen möchte sie öffentlich machen:

«Viele Monate nach Beendigung meiner Therapie beschäftigt mich diese nur noch phasenweise. Andere Dinge bestimmen mein Leben. Es gibt aber Momente, in denen durch eine bestimmte Stimmung oder ein einziges Wort Denkmuster und Sätze von damals in meinem Kopf ablaufen und Ängste ausgelöst werden. Aber immer öfter schaffe ich es, mich davon zu lösen. Ich will meiner Therapeutin keine Macht mehr über mich geben. Ich bin Opfer dieser Therapie, aber auf dieser Tatsache will ich mich nicht ausruhen.

Die Entscheidung, in die Öffentlichkeit zu gehen, war anfangs sehr angstbesetzt. Doch mir war klar, dass ich es vor mir verantworten könnte, einerseits zu fordern, diesen Leuten das Handwerk zu legen, andererseits selbst passiv zu bleiben. Von solchen Ungeheuerlichkeiten zu wissen, aber nichts zu tun, käme einer Duldung gleich. Und dadurch würde ich mich in letzter Konsequenz zur Mittäterin machen.

Ich will meine Erfahrungen verarbeiten, aber nie vergessen. Mir ist klar geworden, dass es zwar wichtig ist, solche Leute vor Gericht zu bringen, aber ich habe nicht mehr die Illusion, dass die Gerechtigkeit siegt. Die Medien – mit Ausnahmen, für die ich sehr dankbar bin – berichten selten oder gar nicht. Angst und Gleichgültigkeit sitzen wohl vielen im Nacken.

Und so bleibt mir nur der Weg, unermüdlich von meinen Erfahrungen zu erzählen. Dass es weiterhin Psychosekten gibt, werde ich nicht verhindern können. Aber ich kann – vielleicht – Leute dafür sensibilisieren. Natürlich bin ich mit meinen Erzählungen auch auf Desinteresse und Unverständnis gestoßen. Aber meistens wurde ich ernst genommen und mir wurde – teilweise mit großem Energieaufwand – geholfen, meine gesunde Wahrnehmung wiederzuerlangen. Etliches ist in mir zerbrochen, vieles ist noch nicht geheilt. Aber ich bin auch daran gewachsen.

Wir alle, die Opfer eines Therapiemissbrauchs sind, sollten die Verantwortlichkeit und den Mut haben, den Mund aufzumachen. Wir sollten stets versuchen zu verhindern, dass andere Menschen das Gleiche erleben. Denn wenn wir es nicht tun, wer dann?»

3. Brief an den ehemaligen Therapeuten

Karla P. ist heute Diplompsychologin und Psychotherapeutin von Beruf. Lange vor Abschluss ihres Studiums geriet sie in eine der Therapiegruppen der Praxiskette von Klaus M. Karla hat sich persönlich und beruflich intensiv mit der Aufarbeitung ihrer Therapiegeschichte und dem Thema Missbrauch in der Therapie befasst. Ein Ergebnis dieser Auseinandersetzung ist der Brief, den sie zehn Jahre nach Abschluss ihrer Therapie an ihren früheren Therapeuten schrieb:

«Sowohl während der zweieinhalb Jahre meiner Therapie als auch an den Nachfolgewochenenden war ich deinen demütigenden und für mich verwirrenden Interventionen ausgeliefert, ohne eine Möglichkeit zur Gegenwehr zu sehen. In meiner Abhängigkeit habe ich nicht einmal die Notwendigkeit dazu gesehen, sondern war im Gegenteil völlig begeistert davon, wie sicher du meine Schwierigkeiten und deren Ursachen erkennst. Ich war davon überzeugt, dass auch die von dir vorgeschlagenen Lösungen richtig sein müssen. Von Psychologie, Übertragungs- und Gegenübertragungsphänomenen, Macht eines Therapeuten, Projektionen, Narzissmus u. a. hatte ich damals nicht die geringste Ahnung.

Ich will jetzt an Beispielen klarmachen, was ich meine: An einem der Wochenenden in O. sollte ich einige Flaschen ‹Linie-Aquavit› besorgen. Ich kaufte entgegen deinem Auftrag nicht mehrere, sondern nur eine Flasche, weil ich die Trinkerei nicht mochte und weil ich nicht einsah, warum die vorwiegend finanziell schlecht gestellten TeilnehmerInnen teuren Alkohol bezahlen sollten, nur weil du es wünschtest.

Der Aquavit wurde nachgekauft und du ‹erarbeitetest› im Laufe des Wochenendes vor der Gruppe, dass mein Problem Geiz sei. Das Fatale daran ist, dass es stimmt, wenn du sagtest, dass ich Schwierigkeiten hätte, mich anderen verbal und nonverbal mitzuteilen, also deiner Meinung nach ‹geizig mit Gefühlen und Handlungen› sei. Was nicht stimmte, ich aber nicht erkannte, war, dass sich diese Schwierigkeit deiner Meinung nach darin zeigte, dass ich zu geizig war, den Aquavit zu kaufen. Damals war ich in dem Wunsch, mit dieser Schwierigkeit fertig zu werden, sehr bereit, deine Lösungen anzuerkennen und einzusehen, dass ich diesen Alkohol hätte kaufen müssen. Um dich und deinen Zorn zu besänftigen, meinen ‹Fehler› wieder gutzumachen und um zu beweisen, dass ich mich verändern will, war ich bereit, alles (!) zu tun, was du für mich als notwendig ansahst.

Diese unzulässige Vermischung von Therapie und Alltag habe ich als typisch bei euch erlebt. Die Verwirrung, die dadurch entstand, dass eure – leider – vorwiegend treffenden Diagnosen meistens als passend empfunden wurden, gleichzeitig aber das Gefühl der Demütigung, des Kleingemachtseins, der Hilflosigkeit vorhanden war, machte es euch leicht, eure Wünsche erfüllt zu bekommen, denn in dieser Situation waren wir nicht in der Lage zu erkennen, dass wir einfach unseren Gefühlen trauen könnten, um aus dieser Abhängigkeit herauszukommen.

Um es noch mal zu sagen: Nicht die Unkenntnis therapeutischer Interventionen und mangelnde Fertigkeiten, sondern ihr gezielter missbrauchender Einsatz hat dazu geführt, dass ihr eure Klientinnen dazu benutzen konntet, eure Macht zu spüren, das Haus in O. fertig zu stellen, eure sexuellen Wünsche zu befriedigen u. a. m.

Ein anderes Beispiel, das mich noch nach Jahren beschämt: An einem der Wochenenden ging es um das Thema Sexualität. In der durch bestimmte Übungen sexuell aufgeheizten Atmosphäre bildete ich mir ein – wie viele andere auch –, in dich verliebt zu sein. Du hättest wissen müssen, dass es sich um Übertragung handelte, und entsprechend intervenieren können.

Im Gegensatz dazu hast du mich aufgefordert, der Gruppe einen Striptease vorzuführen. Obwohl ich gerne alles getan hätte, um deine Gunst zu erwerben, und außerdem stark von der Gruppe bedrängt wurde, konnte ich das nicht. Eine andere Gruppenteilnehmerin tat euch diesen Gefallen und musste erleben, dass ihr äußerst herablassend ihre Vorstellung kommentiertet. Nichtsdestoweniger ‹durfte› sie später mit dir schlafen. Am nächsten Tag teiltest du der Gruppe mit, dass sie auch in diesem Bereich sehr gut sei. Ich war verletzt, eifersüchtig und neidisch. Nicht im Traum wäre ich darauf gekommen, dass du auch dieser Frau die Möglichkeit genommen hattest zu erleben, von einem Mann, der ihr wichtig ist, Zuneigung zu bekommen, ohne Sexualität dafür geben zu müssen.

Ich selbst wurde in dieser Situation weniger ‹nett› behandelt. Beim gemeinsamen Abendessen in der Nacht hattet ihr Therapeuten beschlossen, mich nur noch ‹Es› zu nennen, da ich keine Frau – in eurem Sinne –, sondern eher ein Neutrum sei. Es war mir unerträglich, von euch während des Essens in dieser Weise gedemütigt zu werden. Ich versuchte alles Mögliche, um euch zu gefallen und endlich von euch anerkannt zu werden.

Nach dem Essen beim üblichen Beisammensein setztet ihr euch links und rechts von mir auf das Sofa und machtet weiter Witze über meine fehlende Sexualität und Weiblichkeit. Ich versuchte, mich nicht anzustellen und mit euch zusammen ‹witzig› zu sein, nicht ahnend, welch schreckliche Figur ich dabei abgab, immer in dem Bestreben, es euch recht zu machen. Unter anderem knobeltet ihr darum, wer von euch beiden mit mir ins Bett gehen muss (!), um mir zu zeigen, wie es geht. Auch als einige Männer aus der Gruppe mich darauf aufmerksam machten, dass und wie ich mich heruntermachen lasse von euch, war ich beeinflusst von meinem Bedürfnis, euch zu gefallen, nicht dazu in der Lage aufzuhören. Mehr desselben war meine hilflose Strategie, wie ich heute weiß. Ihr (!) hättet aufhören können und sollen.

Selbstverständlich habe ich in meiner Unsicherheit und Unwissenheit zur Zeit der Therapie mit meinem Mann und meinen FreundInnen über die Übungen und Vorgänge in der Gruppe geredet, aber irgendwann kam der Punkt, an dem ich ihre Warnungen und entsetzten Kommentare nicht mehr mit der Teilnahme an der Gruppe vereinbaren konnte. Ich hatte die Möglichkeit, die Therapie abzubrechen oder sie weiterzuführen und nichts mehr zu erzählen. Um mir nicht vorwerfen zu müssen, dass ich verdränge oder mich vielleicht gar nicht ändern will, beschloss ich, mich ganz auf diese Therapie einzulassen und niemandem mehr davon zu erzählen. Dadurch hatte ich mir die Möglichkeit genommen, deinen Machtmissbrauch überhaupt wahrnehmen zu können.

Es gibt noch viele ähnliche Beispiele. Einige habe ich vergessen und einige hatte ich verdrängt. Je mehr ich akzeptiere, dass meine Rolle damals nicht in meiner Verantwortung lag, sondern in eurer, d. h., dass ich nicht schuld war an diesen Situationen, desto eher ist es mir möglich, davon zu erzählen und kein Geheimnis mit dir zu haben. Es ist unwichtig, ob meine Wahrnehmung der damaligen Ereignisse stimmt oder nicht. Es ist so, wie ich es beschreibe, und ich würde mich auf keine Diskussion über den Wahrheitsgehalt mehr einlassen.

Auch die Frage der Vergebung stellt sich mir nicht. Du hast mich ja auch nie darum gebeten. Im Gegenteil: Ich erinnere mich, dass wir Teilnehmer der Gruppe uns vor ein paar Jahren mit dir zum Essen trafen, um Erinnerungen auszutauschen und zu sehen, was aus den Einzelnen geworden ist. Inzwischen war ich nicht mehr befangen wie zur Zeit der Therapie. Obwohl die Angst vor dir nach wie vor vorhanden war, wagte ich es, dir einige eurer Methoden vorzuwerfen. In deinem Zorn reagiertest du so laut, dass das ganze Lokal auf uns aufmerksam wurde. Drei der Frauen weinten, weil ich ihnen den Abend verdorben hatte.

Ich bin keine Richterin und ich habe auch nicht vor, mir die Last des Verurteilens oder Freisprechens aufbürden zu lassen. Mittlerweile weiß ich, wie notwendig es ist, darauf zu achten, dass ich mich nicht benutzen lasse, egal, wofür. Ich schreibe dir diesen Brief nicht, um damit eine wie auch immer geartete Reaktion hervorzurufen, sondern um das, was in der Gruppe stattgefunden hat, öffentlich zu machen. Ich will kein Geheimnis mit dir haben.»

Rechtsrisiko Therapie

1. Was kann man juristisch gegen Missbrauch in der Psychotherapie unternehmen?

Die Zahl der bekannt gewordenen Therapieprozesse ist im Vergleich zu den geschätzten Missbrauchsfällen verschwindend gering (s. dazu Christel Hafke). Und kommt es zum Prozess, ist keineswegs garantiert, dass er im Sinne der Therapiegeschädigten verläuft. Die juristischen Möglichkeiten konzentrieren sich im Wesentlichen auf die folgenden:

Strafrechtliche Möglichkeiten

Bis zum 1. April 1998 widmete sich kein einziger Paragraph im Strafgesetzbuch dem spezifischen Straftatbestand des Missbrauchs in der Psychotherapie. Erst mit Einführung des neu geschaffenen § 174 C im April 1998 ist im Gesetz der (sexuelle) Therapiemissbrauch als Straftatbestand verankert: Der Paragraph sieht bis zu fünf Jahren Haft für den sexuellen Missbrauch von Patienten in jedem «Behandlungsverhältnis, das der Erkennung, Heilung oder Linderung körperlicher Leiden» dient, vor. Das ist ein Fortschritt, denn mit diesem Paragraphen wird es missbrauchenden Therapeuten in Zukunft nur schwer möglich sein, sich in einem Gerichtsverfahren mit dem Argument aus der Affäre zu ziehen, sie hätten zu ihren Klientinnen eine «Liebesbeziehung» gehabt. Auch die Behauptung, Sex gehöre zum Therapiekonzept, sollte ein Therapeut fortan nicht mehr aufstellen. Diese Strafbarkeitslücke ist – zumindest theoretisch – gestopft.

Was nicht heißen soll, dass es nun keine gesetzlichen Lücken mehr gibt. Abgesehen davon, dass sich die Gesetzreform auf den Straftatbestand des sexuellen Missbrauchs beschränkt, sieht die Realität in den Gerichtssälen wohl noch auf längere Sicht nicht rosig aus. Der Grund dafür ist, dass der neu geschaffene Paragraph nur für Missbrauchsfälle gilt, zu denen es **nach** seinem Inkrafttreten am 1. Januar 1999 gekommen ist. Alle Fälle, die sich davor ereignet haben, werden nach der bis dahin geltenden Rechtsprechung beurteilt. Da sich viele Frauen oft erst Jahre nach dem erlittenen Therapiemissbrauch zu einer Anzeige gegen ihren Therapeuten entschließen können, wird es noch lange dauern, bis das erste Urteil nach der neuen Rechtsprechung gefällt wird. So lange werden wir Verfahren wie das folgende erleben:

Wegen sexuellen Missbrauchs und sexueller Nötigung in der Therapie wurde der Psychologe und Psychotherapeut Josef T. 1997 zu fünf Jahren Haft verurteilt. Nach einem spektakulären Verfahren sahen es die Richter als erwiesen an, dass der Therapeut die Hauptbelastungszeugin, eine 48-jährige ehemalige Klientin, über acht Jahre lang missbraucht und sie dreimal mit Gewalt zum Oralverkehr gezwungen hatte. Der Therapeut hatte seine sexuellen Übergriffe gegenüber der Klientin als «Festhaltetherapie» verkauft.

Die Staatsanwaltschaft hielt dem Therapeuten vor, er habe aus seiner Klientin ein «seelisches Wrack» gemacht. Diese sei mit einer schweren Angstphobie zu ihm in die Behandlung gekommen und er habe daraufhin ihre Widerstandsunfähigkeit ausgenutzt.

«Widerstandsunfähigkeit» war das Stichwort für die Verteidigung, gegen das Urteil Revision einzulegen: Mit Erfolg, denn bald darauf war Josef T. wieder auf freiem Fuß. Die Widerstandsunfähigkeit sah die höhere Instanz als nicht erwiesen an und hob das Urteil auf. Dieser Fall verweist durch den zunächst errungenen Erfolg und den späteren Absturz in besonderer Weise auf die Problematik, die mit einem strafrechtlichen Verfahren gegen einen missbrauchenden Psychotherapeuten verbunden ist: Der Straftatbestand des (sexuellen) Missbrauchs ist in aller Regel nicht oder nur unter Bedingungen, die für die Betroffenen kaum zumutbar sind, nachweisbar. Das Strafgesetzbuch hielt zwar auch schon vor 1999 einige Paragraphen als Hintertürchen offen, doch bis auf den § 174 C wurde und wird keiner von ihnen dem besonderen Machtgefälle zwischen Therapeuten und Klientin gerecht. Und wenn es nicht zu sexuellem Missbrauch, sondern zu anderen Formen therapeutischer Grenzüberschreitungen gekommen ist, sind die Chancen auf strafrechtliche Verfolgung fast gleich null.

In den bisherigen Therapieprozessen wurden folgende Paragraphen aus dem Strafgesetzbuch herangezogen:

- Im § 179 Strafgesetzbuch geht es um den sexuellen Missbrauch Widerstandsunfähiger. Unterschieden wird zwischen körperlicher und seelischer Widerstandsunfähigkeit. Erstere ist beispielsweise dann gegeben, wenn die Frau gefesselt oder aufgrund einer körperlichen Behinderung wehrlos ist. Seelische Widerstandsunfähigkeit liegt bei geistiger Behinderung, genauer: «krankhaft seelischer Störung», «tief greifender Bewusstseinsstörung» oder anderer «seelischer Abartigkeit» vor. Die bestehende Definition ist weit von einer nur psychologisch zu verstehenden Widerstandsunfähigkeit entfernt.
- Mit § 177 und § 178 Strafgesetzbuch wird Vergewaltigung und sexuelle Nötigung verfolgt. Voraussetzung für einen Straftatbestand ist in jedem Fall, dass der Täter mit Gewalt oder mit einer Drohung für Leib und Leben handelt. Juristisch handelt es sich um Gewalt, wenn der Täter beispielsweise den körperlichen Widerstand seines Opfers bricht. Dies war noch bis vor kurzem in den Augen der Justiz bei sexuell missbrauchenden Therapeuten kaum der Fall, der geschilderte Fall ist eine Ausnahme. Dabei wird übersehen, dass der sexuelle Übergriff durch Therapeuten immer auch ein Machtmissbrauch und insofern gewalttätig, allerdings nach einer anderen Definition als der juristischen, ist.
- § 223 Strafgesetzbuch widmet sich dem Straftatbestand der Körperverletzung und soll nach Ansicht von Becker-Fischer/Fischer erfolgversprechender sein, da der Nachweis der Körper-

verletzung durch Therapiemissbrauch durch neuere Forschungsergebnisse leichter zu beweisen sein wird. Sowohl äußere Verletzungen als auch die seelische Körperverletzung müssen bei Heranziehung dieses Paragraphen durch ein ärztliches Gutachten nachgewiesen sein. Seelische Körperverletzung durch Therapeuten nachzuweisen ist bislang jedoch äußerst schwierig, kann sich doch der Therapeut darauf berufen, dass seine Klientin schon vorher seelisch krank war, ansonsten wäre sie gar nicht in seine Therapie gekommen.
Die Regel ist noch immer: Eine Ohrfeige auf der Straße gilt als Körperverletzung, wer aber seelischer Gewalt zum Opfer fällt, findet vor Gericht kaum Gehör.

Eine weitere Möglichkeit, strafrechtlich vorzugehen, besteht, wenn der Therapeut die Sitzungen, in denen Missbrauch stattgefunden hat, in Rechnung stellt. In diesem Fall kann der Kostenträger, sei es die Krankenversicherung oder der Klient, eine Anzeige wegen Betrugs erstatten. In letzter Zeit ist es bereits zu einigen Verurteilungen aufgrund dieser Methode gekommen, entsprechende Urteile sind jedoch nicht dokumentiert.

Die Herangehensweise vieler Richter lässt den Schluss zu, dass eine Klage, bei der es um konkrete, nachweisbare Dinge wie Geld und Therapiekosten geht, erfolgversprechender ist als eine Klage wegen Therapiemissbrauchs.

Zivilrechtliche Möglichkeiten
Eine andere Möglichkeit der rechtlichen Gegenwehr besteht darin, **zivilrechtlich** gegen Falschbehandlung oder Missbrauch in der Psychotherapie vorzugehen:

Je nach Lage des Falls wird auf Schmerzensgeld, Schadenersatzforderungen wegen Falschbehandlung, Rückerstattung der Therapiekosten oder Übernahme der Kosten für Folgetherapien geklagt. Ein zivilrechtliches Verfahren bedeutet für die klagenden

Klienten erstens ein großes finanzielles Risiko und zweitens müssen sie den grenzüberschreitenden Vorfall vor Gericht beweisen, was äußerst schwierig ist, da es an Zeugen mangelt.

Angesichts der ungeheuren Schwierigkeiten, die sich allein aus diesem gesetzlichen Missstand ergeben, kann den geschädigten Klienten nur geraten werden, sehr überlegt an ein Verfahren heranzugehen. Die Hoffnung, durch einen Richterspruch Gerechtigkeit zu erfahren, wird sehr häufig enttäuscht. Die Klienten müssen also relativ gefestigt sein, um sich nicht durch ein negatives Gerichtsurteil erst recht infrage zu stellen.

Andererseits haben sich rechtliche Schritte gegen das erfahrene Unrecht, wie empirische Untersuchungen lt. Becker-Fischer/Fischer zeigen, «schon immer als produktiv für die Verarbeitung der erlebten Ohnmacht und Hilflosigkeit erwiesen». Daher raten die Therapieforscher auch dazu, rechtliche Schritte schon dann einzuleiten, wenn noch nicht sicher ist, dass die Klienten das Verfahren überhaupt durchzustehen bereit und imstande sind. Allein um nicht zu riskieren, dass die Vorfälle verjähren, könne man schon im Vorfeld rechtliche Beratung in Anspruch nehmen.

Einer, der seit Jahren für rechtliche Ordnung des gewerblichen Psychomarktes plädiert, ist der Richter am Oberlandesgericht München, Jürgen Keltsch. Er tritt vor allem für eine begriffliche Klarheit ein und schlägt für den Absatzmarkt, der zwischen Therapie und Sekte liegt, den Begriff **Lebenshilfe** vor. Seine Vorstellung zur Klärung des rechtlichen Lochs ist ein **Lebenshilferecht**, das «ähnlich wie im Heilpraktikergesetz die Ausübung der gewerblichen Lebenshilfen an eine gewisse Mindestausbildung» knüpft. Außerdem fordert er klare Grenzen: «Bei Missbräuchen sollten Sanktionen bis hin zum Verbot möglich sein. Ob ein solcher Missbrauch vorliegt, sollte durch staatliche Ethikkommissionen vorentschieden werden ...» Und weiter fordert er, «Art. 2 des Grundgesetzes dahin gehend zu ergänzen, dass jeder nicht nur das Recht auf körperliche, sondern auch auf geistig-seelische Unversehrtheit hat» (in: Gross).

Während die Justiz oft angesichts offenkundiger Missbrauchsfälle kapitulieren muss und meist auf die Freiwilligkeit der Teilnahme an Therapieübungen verweist, zeigen die Forderungen von Keltsch, dass auch eine andere Herangehensweise juristisch denkbar ist: Psychische Schädigungen infolge gruppendynamischer Veranstaltungen erklärt er zu einem «Eingriff in das Persönlichkeitsrecht». Er fordert den aktiven Schutz des durch die Psychomethoden bedrohten Selbstbestimmungsrechts.

2. Schützt das neue Psychotherapiegesetz?

Nach endlosen Debatten und über 20-jährigem Streit ist seit dem 1. Januar 1999 das Psychotherapiegesetz in Kraft. Es soll Ausbildung, Zulassung, Berufsausübung und Rechtsfragen einheitlich regeln. Bis zu diesem Zeitpunkt war die Berufsbezeichnung Psychotherapeut gesetzlich völlig ungeschützt. Das bedeutete, dass Klienten nicht wissen konnten, ob der Psychotherapeut ihrer Wahl sich durch einen Einführungskurs für Urschrei oder Rebirthing qualifiziert hatte oder ob er ein Psychologiestudium und eine anerkannte Psychotherapieausbildung absolviert hatte. Während es für Masseure, Logopäden und andere nichtärztliche Berufe im Gesundheitswesen längst eigene Gesetze gab, arbeiteten heilberuflich tätige und offiziell zugelassene Psychotherapeuten auf der Rechtsgrundlage des Heilpraktikergesetzes. Dieses wachte zwar in gewisser Weise über die körperliche, jedoch nicht über die seelische Unversehrtheit der Patienten.

Um dem wild wuchernden Treiben auf dem Psychomarkt Einhalt gebieten zu können, erklärte die neue gesetzliche Regelung «die berufsrechtliche Absicherung der Ausbildung zum psychologischen Psychotherapeuten» sowie den «Bezeichnungs- und Tätigkeitsschutz als dringend notwendig».

Was eine Selbstverständlichkeit sein sollte, wurde bis 1999 vor allem durch den Widerstand der Ärzteschaft verhindert. Der Grund: Bislang war die kassenfinanzierte Heilung seelischer Leiden ärztliches Monopol, denn nur die bundesweit rund 7600 *ärztlichen Psychotherapeuten* konnten ihre Leistungen mit den Krankenkassen direkt abrechnen. Für die kassenfinanzierte Behandlung bei *psychologischen Therapeuten* brauchten die Patienten zunächst die Verordnung eines Arztes sowie eine Überweisung an einen Psychotherapeuten, der einen Vertrag mit der Krankenkasse abgeschlossen hatte. Durch dieses so genannte *Delegationsverfahren* waren Kompetenzstreitigkeiten zwischen Psychologen und Medizinern vorprogrammiert. Für die Ärzte war sie eine lukrative Einnahmequelle, die therapeutisch tätigen Diplompsychologen, die in der Regel ein sechsjähriges Studium und eine drei- bis fünfjährige Zusatzausbildung zum Psychotherapeuten hinter sich gebracht hatten, hatten das Nachsehen.

Das neue Psychotherapiegesetz stellt die Psychologen mit den Medizinern vor den Krankenkassen gleich. Wie die Ärzte sind die approbierten Psychotherapeuten fortan Mitglieder der Kassenärztlichen Vereinigung. Für die Klienten bedeutet das, dass sie therapeutische Hilfe in Anspruch nehmen können, ohne vorher einen Arzt konsultieren zu müssen. Auch die unter der früheren CDU/CSU-FDP-Regierungskoalition beschlossene Eigenbeteiligung mit jeweils 10 DM pro Therapiesitzung wurde von der neuen rot-grünen Koalition abgeschafft. Einzige Voraussetzung für die Übernahme der Kosten durch die Krankenkasse ist, dass der Therapeut die staatlich anerkannte Zulassung hat.

Folgende Bedingungen sind an diese Approbation geknüpft:
- ein abgeschlossenes Psychologiestudium, bei Kinder- und Jugendtherapeuten alternativ ein abgeschlossenes Studium der Pädagogik oder Sozialpädagogik,
- eine dreijährige Berufsausbildung, bestehend aus einem theo-

retischen und einem praktischen Teil, abgeschlossen mit einer staatlichen Prüfung.

In einer Übergangsregelung sind die Bedingungen festgelegt, unter denen die vor 1999 tätigen Psychotherapeuten die Approbation bekommen können. Die geltende Voraussetzung eines abgeschlossenen Studiums schließt fortan **alle** Nichtpsychologen, die bislang therapeutisch tätig waren, von der Zulassung aus.

Nicht nur die letztgenannte Einschränkung hat auch unter der Psychologenschaft zu starkem Widerstand gegen das Gesetz geführt. Hauptstreitpunkt ist die Regelung, nach der fortan nur noch zuvor festgelegte psychotherapeutische Verfahren anerkannt sind. Dies sind nach einer vorläufigen Vereinbarung:
- die Psychoanalyse und tiefenpsychologisch fundierte Psychotherapie,
- die Verhaltenstherapie.

«Einen Rückschritt in die psychotherapeutische Steinzeit» nennt Karl-Otto Henze vom Berufsverband deutscher Psychologen (BDP) in Bonn die gesetzlich verankerte Einschränkung auf diese wissenschaftlich anerkannten Therapieverfahren. Die Seele gehorche nicht irgendwelchen Methoden, sondern nur sich selbst, und mit der Reduzierung auf einige wenige Verfahren werde man den Bedürfnissen der Patienten nicht gerecht. Tatsächlich wünscht nur ein kleiner Teil der Patienten eine Langzeitanalyse auf der Couch und auch die Verhaltenstherapie ist mit Techniken wie systematischer Desensibilisierung und Selbstkontrollverfahren nicht bei jedem angebracht. Es ist auch nur schwer nachzuvollziehen, warum Methoden wie die Familien-, Gesprächs- oder Körpertherapie, die auch im stationären Bereich längst fest verankert sind, von der Finanzierung ausgeschlossen werden sollen. Andererseits ist nicht zu verkennen, dass die Berufsverbände natürlich die (vor allem ökonomischen) Interessen ihrer Mitglieder im Auge haben und sich vielleicht deshalb auch für die Kollegen engagieren, deren Leidenschaft wissenschaftlich gänzlich unerforschte Therapiemethoden sind. So wurden die Interessensverbände vor Verabschiedung des Gesetzes nicht müde, den wirtschaftlichen Ruin von rund 5000 Therapeuten anzuprangern, alles Kollegen, die bis Ende 1998 im Erstattungsverfahren fast die Hälfte der psychotherapeutischen Versorgung gewährleistet hätten und jetzt nicht mehr zugelassen seien.

Zwar wird die Zulassung der kassenfinanzierten Methoden letztendlich auf Länderebene entschieden, jedoch wittert der BDP hinter all diesen Entscheidungen den starken Einfluss der Ärzteschaft. «Wir sehen die Gründe dafür darin, dass das Gesetz in wichtigen Punkten von ärztlichen Standesinteressen diktiert ist und dass die Politik wohl nicht die Kraft hatte, sich diesen Interessen zu versagen», formuliert es Karl-Otto Henze für den Verband. Die festgelegten Verfahren würden traditionell von vielen ärztlichen Therapeuten verwandt und die Aufnahme weiterer Verfahren gefährde das ärztliche Behandlungsmonopol.

Wie dem auch sei: Das Psychotherapiegesetz ist zu lange gefordert worden, als dass man es nur bemäkeln sollte. Die Verabschiedung ist ein wichtiger Schritt – ob es dem praktizierten Etikettenschwindel jedoch Einhalt gebieten kann, ist noch offen. Kaum dass das Psychotherapiegesetz in Kraft getreten war, drohten die Berufsverbände, es zu hintergehen. «Eine Aufforderung zum Etikettenschwindel» sieht der BDP hinter dem Gesetz. Künftig sei es kaum noch zu vermeiden, dass beispielsweise Gestalttherapie als Verhaltenstherapie abgerechnet werde. Die Verbände riefen sogar schriftlich zur «Guerillatherapie» auf.

In diesem Hickhack zwischen Ärzte-, Therapeuten-, Krankenkassen- und Gesetzgeberinteressen kann man nur hoffen, dass nicht die Klienten die Leidtragenden sind. Einen sicheren Schutz vor Therapieschwindel bietet die Gesetzesnovelle nicht.

Offen bleibt auch, wie sich der jahrelang geforderte und nun endlich gesetzlich verankerte Titelschutz in der Praxis auswirken wird: Den Titel «Psychologischer Psychotherapeut» oder die Kurzform «Therapeut» darf nur tragen, wer zugelassen ist. Aber diese Zulassung und die an sie gebundenen Ausbildungsvoraussetzungen sind noch lange kein Garant für seriöse Therapie. Klienten können leider nicht darauf bauen, dass approbierte Psychotherapeuten frei von Machtgelüsten oder anderen Persönlichkeitsstörungen sind, so etwas ist gesetzlich nicht zu regeln: In mehreren der mir bekannten Missbrauchsfälle waren Psychotherapeuten tätig, die jetzt staatlich anerkannt sind. Damals hatten die betroffenen Klienten im Delegationsverfahren den Therapeuten von ihrem Arzt «empfohlen» bekommen.

Dennoch war auch die Einführung des Titelschutzes richtig – zeigt sie doch zumindest, dass das Problem erkannt worden ist. Verstöße gegen den Titelschutz werden «strafrechtlich sanktioniert», sagt das Gesetz. Konkret bedeutet das, dass seitenweise die Telefonbucheintragungen heute nicht mehr zugelassener «Therapeuten» zu ändern und entsprechende Tür- oder andere Hinweisschilder auszutauschen waren. Nun heißt es z. B. «Praxis für Psychotherapie» oder «Institut für psychotherapeutische Beratung», denn das Wort «Psychotherapie» ist nicht tabu – sanktioniert wird nur die unzulässige Verwendung der Berufsbezeichnung. Sind solche Bezeichnungen aus Sicht der nichtzugelassenen Therapeuten durchaus nachvollziehbar, könnten sie unter der Klientenschaft zu weiteren Verwirrungen führen: Was verbirgt sich hinter Worthülsen wie «Zentrum für Persönlichkeitsentwicklung»? Oder anders gefragt: Welches Gesetz schützt die Klienten, die sich *nicht* an einen zugelassenen Therapeuten wenden, sondern in dem unübersichtlichen Feld der Lebenshilfe Zuflucht und Unterstützung suchen, denen es womöglich attraktiver erscheint, auf eigene Kosten eine Therapie zu machen, als sich auf Versicherungskarte monatelang auf die Couch zu legen? Sind diese Klienten selbst schuld, verdienen sie keinen Verbraucherschutz, ist es egal, was mit ihnen in diesen so genannten Praxen geschieht, nur weil die Krankenkasse nicht dafür bezahlt?

Fakt ist, dass der boomende graue Psychomarkt durch das Psychotherapiegesetz nicht untergehen wird, weil er nur am Rande davon berührt wird. Offen bleibt also nach wie vor die Frage, wer die zweifelhaften Psychoangebote kontrolliert:

Voraussetzung für eine Praxiseröffnung ist eine Zulassung nach dem Heilpraktikergesetz. Der Begriff ist insofern verwirrend, als angehende Heilpraktiker keinerlei heilkundliche Ausbildung nachweisen müssen. Eine inhaltliche Prüfung ist allenfalls oberflächlich und von Bundesland zu Bundesland und von Behörde zu Behörde unterschiedlich. Wenn ein Kandidat durchfällt, kann er die Prüfung beliebig oft wiederholen – irgendwann schafft es dann jeder.

Die Entscheidung darüber, ob jemand die Zulassung nach dem Heilpraktikergesetz bekommt, trifft in den Städten und Gemeinden in aller Regel das zuständige Gesundheits- oder Ordnungsamt. Grundsätzlich ist die Zuständigkeit folgendermaßen geklärt: Die Überprüfung der fachlichen Kompetenz für eine Zulassung nach dem Heilpraktikergesetz obliegt dem Gesundheitsamt, die der rechtlichen Voraussetzungen dem Ordnungsamt. Für Verstöße ist die höhere Verwaltungsbehörde, sprich: die Bezirksregierung zuständig. In der Praxis ebnet diese Regelung quasi jedem den Weg in die «therapeutische» Selbstständigkeit, der sich die Lethargie von Behörden zunutze machen kann. Hinzu kommt, dass es keine Meldepflicht bei den Ordnungsämtern über den Ort, an dem eine Praxiszulassung ausgestellt wurde, gibt. Da die Behörden unterschiedlich entscheiden, kann es also durchaus sein, dass ein «Therapeut» in der Stadt, in der er praktiziert, zwar keine Genehmigung erworben, diese aber in der Behörde einer anderen Stadt bekommen hat. Die Kriterien für eine Zulassung sind nicht bundesweit einheitlich geregelt, sondern im Extremfall kann es durchaus dem Wohlwollen des entsprechenden Beamten unterliegen, ob eine Zulassung gegeben wird oder nicht. Dass es unter diesen Bedingungen zu einem «Zulassungstourismus» unter den nicht qua Psychotherapiegesetz zugelassenen Therapievertretern kommt, ist leicht nachvollziehbar.

3. Was tun die Berufsverbände?

In der Berufsordnung für Psychologen sind die berufsethischen Normen festgesetzt, an deren Einhaltung die Mitglieder etwa des Berufsverbandes Deutscher Psychologen (BDP) gebunden sind. Grundsätzlich besteht in *allen* psychologischen Berufsverbänden Einigkeit darüber, dass sexueller Missbrauch und andere Grenzüberschreitungen in der Therapie für die Klienten schädlich und zu ahnden sind. Somit sind auch Klienten von verbandsmäßig organisierten Psychotherapeuten berechtigt, ein Verfahren vor dem Ehrengericht des Berufsverbandes anzustreben, wenn sie einen Verdacht auf Missbrauch haben.

Das Ehrengericht des BDP ist in zwei Kammern unterteilt, die die Fälle nach einem Geschäftsverteilungsplan übernehmen. Besetzt ist das Gericht mit einem Richter als Vorsitzenden und zwei BDP-Psychologen als Beisitzer. Die fünfstufige Sanktionsskala sieht für den Fall einer Verurteilung folgende Strafmaßnahmen vor:
1. Verwarnung.
2. Verweis.
3. Geldbuße bis 10 000 DM.
4. Zeitliche oder dauerhafte Aberkennung von Zertifikaten und Berechtigungen, die vom Verband verliehen oder ausgesprochen wurden.
5. Ausschluss aus dem Berufsverband.

Einer Verurteilung kann ein Therapeut entgehen, indem er rechtzeitig aus dem Verband austritt und sich dadurch einem Verfahren entzieht. Im Übrigen wäre auch der Verbandausschluss nicht gleichbedeutend mit einem Berufsverbot.

Ob es überhaupt zu einer Verhandlung über einen möglichen Ausschluss kommt, entscheidet die Kommission nach einem komplizierten Verfahren, das vor allem für die betroffenen Klienten schnell zum Hürdenlauf wird:

1. Die Klienten müssen ihre schriftliche Anzeige beim Ehrengericht einreichen.
2. Das Ehrengericht fordert daraufhin den angezeigten Therapeuten zu einer schriftlichen Stellungnahme zu den Vorwürfen auf.
3. Das Ehrengericht lässt diese Stellungnahme den anzeigenden Klienten zukommen und fordert sie auf, Stellung zu nehmen.
4. Es folgt entweder die Einstellung des Verfahrens oder eine mündliche Anhörung der anzeigenden Klienten, bevor über die Zulassung zum Hauptverfahren entschieden wird.

Bis 1991 gab es nach Aussagen des BDP nur fünf Ehrengerichtsverfahren wegen sexuellen Missbrauchs in der Therapie und in nur einem Fall kam es zu einer Verurteilung. 1994 stellte das Ehrengericht von insgesamt 24 anhängigen Verfahren 14 ein, und nur vier führten zu einer Verurteilung. 1996 sind 42 Verfahren gelaufen, fünf davon wegen sexuellen Missbrauchs, 1997 gab es 23 Verfahren, zwei wegen sexuellen Missbrauchs. Bis Ende 1998 waren sieben Verfahren vor dem Ehrengericht abgeschlossen, keins davon wegen sexuellen Missbrauchs.

Mehr noch als diese Zahlen weisen die Erfahrungen von Klienten, die sich an den Berufsverband gewandt hatten, auf die zögerliche Aufnahme von Ehrengerichtsverfahren gegen missbräuchlich arbeitende Therapeuten hin.

Fünf ehemalige Klienten einer Gruppentherapie in einer psychotherapeutischen Praxis in Krefeld waren kurz davor, ihre Bemühungen um ein Verfahren vor dem BDP-Ehrengericht einzustellen. Sie meisterten schließlich mit Unterstützung eines außenstehenden Freundes diesen «Hürdenlauf» und erreichten, dass es zu einer Verurteilung ihres Therapeuten kam.

Dabei waren sie sich im Vorfeld nicht einmal sicher, ob die Vorwürfe, die die gesamte Gruppe nach fünfmonatiger Therapie zum Ausstieg bewogen hatten, für ein Ehrengerichtsverfahren ausreichend waren. Es ging konkret um Aufforderungen zu Besuchen untereinander, um gemeinsame Kneipenbesuche mit dem Therapeuten, um Alkoholgelage und um Therapie bis zum Umfallen, außerdem um Verletzung der Intimsphäre, weil sie die Türen der sanitären Räume nicht abschließen konnten bei Therapiewochenenden.

Von der Anzeige bis zur Hauptverhandlung vergingen 22 Monate. Sie arbeiteten schließlich ehrenamtlich, begründete das Ehrengericht die Verfahrensverzögerungen und machte damit deutlich, dass dies keine Ausnahme, sondern die Regel sei.

Doch nicht nur die Zeitverzögerungen machten den Klienten das Verfahren unnötig schwer, sondern auch die spärlichen Informationen des BDP zum Verfahrensablauf. Weder sind die ethischen Richtlinien in der Berufsordnung eindeutig und anhand konkreter Beispiele definiert, noch gibt es Fallbeispiele, an denen sich Klienten orientieren könnten. Im Gegenteil: Die Öffentlichkeit erfährt nichts von den Verfahren und die Betroffenen sind zur absoluten Verschwiegenheit verpflichtet. Dabei könnten anonymisierte Fallgeschichten Klienten und deren evtl. Anwälten den Zugang zu solchen Verfahren erleichtern. Und der Ausschluss jeglicher Öffentlichkeit kann zu einer zusätzlichen Härte für die klagenden Klienten werden. Zugelassen sind nur Mitglieder des BDP oder Anwälte, Vertrauenspersonen bleiben außen vor.

Doch trotz aller Hindernisse hat es die Krefelder Gruppe geschafft. Das Gericht bestätigte ihren Verdacht, dass ihre Therapeuten das Gebot der Unabhängigkeit verletzt, ihrer Aufklärungspflicht nicht genügt und die Würde und Integrität der Klienten nicht ausreichend geachtet hatten. Die Therapeuten erhielten einen Verweis (Stufe 2 auf der Strafskala) und den ausdrücklichen Rat, sich einer anerkannten Zusatzausbildung zu unterziehen. Das eher zögerliche Einschreiten der Berufsverbände gegen Missbrauch in ihren Reihen ist umso enttäuschender, als hier im Gegensatz zur Justiz Fachleute sitzen, die nachvollziehen könnten, welchen Effekt eine Verurteilung des Täters für die Opfer haben könnte. Es geht – wie Becker-Fischer und Fischer es ausdrücken – darum, dass «zumindest gesellschaftlich die Verwirrung von Recht und Unrecht aufgehoben und Unrecht als solches anerkannt wird».

Zum Umgang mit der Missbrauchsproblematik unter Therapeuten

Wie engagieren sich Therapeuten in der Diskussion um den Missbrauch, der ihren eigenen Berufsstand ins Gerede bringt? Was tun sie, wenn sie von missbräuchlichem Verhalten eines Kollegen erfahren? Die überwältigende Mehrheit der seriös arbeitenden Therapeuten drückte bisher gegenüber den schwarzen Schafen in ihren Reihen beide Augen zu. Jetzt allerdings bringt die Diskussion um das Psychotherapiegesetz und die verstärkte Medienberichterstattung sie unter Zugzwang. Was sind die Beweggründe dafür, dass sich die Seelenkundler bislang mit Kritik so zurückhielten?

Paul Povel, Psychiater und Oberarzt in einem psychiatrischen Krankenhaus bei Münster, hat darüber nachgedacht. Ihm sind seit Jahren Missbrauchsfälle aus Kollegenkreisen im weitesten Sinne bekannt. Sein Bericht verdeutlicht, warum es für ihn und seine Kollegen so schwierig ist, konkret gegen den Missbrauch anzugehen:

«Vorwürfe über sich häufende Missbrauchshandlungen innerhalb therapeutischer Beziehungen haben hohe Wogen geschlagen. Und wer wie ich in M., wo besonders schwer wiegende Missbrauchsfälle bekannt geworden sind, psychotherapeutisch tätig ist, musste bei den heftigen Diskussionen Acht geben, nicht in schiefes Licht zu geraten.

Lang anhaltende skeptische Blicke waren auf uns Psychiater, Psychologen und Therapeuten gerichtet, schienen nach Anzeichen zu suchen, ob nicht auch einer unter uns ein Missbraucher sein könnte. Und sehr direkt und nachdrücklich wurde gefragt, ob dergleichen in unseren Kreisen bekannt gewesen sei. Bald war klar, es hatte konkrete Hinweise bei namentlich genannten Praxen schon über mehrere Jahre gegeben und die psychotherapeutische Szene wusste von einigen Missbrauchsfällen. In einem Fall war sogar die institutionalisierte Ausnutzung von Gruppentherapieklienten zur Befriedigung von Therapeutenbedürfnissen bekannt, sei es zur Selbstwertsteigerung, zur finanziellen Bereicherung oder aus sexuellen Motiven.

Die daraufhin nicht nur von außen stehenden Beobachtern, sondern auch von Klienten und im Kollegenkreis gestellten Fragen lauteten: Haben die Psychotherapeuten ihre Verantwortung gesehen, die sie zur Schadensbewahrung von Klientinnen durch Behandlungsfehler, auch durch die von Kollegen, verpflichtet? Und wie sind sie dieser Verantwortung nachgekommen?

Während im psychotherapeutischen Berufsalltag diese Verpflichtung zu einer Nebensächlichkeit wird, äußern kritische Stimmen, dass es um eine zentrale Pflicht geht. Sie zu vernachlässigen ist keine geringfügige Pflichtverletzung, sondern eine Schuld, die zutreffender mit Begriffen der Rechtsprechung beschrieben werden sollte.

In diesem Sinne sagte die Teilnehmerin einer öffentlichen Veranstaltung zu diesem Thema: ‹Wie ist es nur möglich, dass die psychotherapeutischen Kollegen so schweigsam und untätig bleiben, wenn ein Mitglied ihrer Berufsgruppe sexuellen Missbrauch in der Therapie betreibt? Die machen sich doch mitschuldig, die müssen doch zur Rechenschaft gezogen werden.›

Größere öffentliche Wirksamkeit hatte ein *Spiegel*-Interview mit dem bekannten Psychoanalytiker Johannes Cremerius, in dem er gefragt wurde, was er unternehme, wenn eine Patientin ihm vom

Missbrauch eines Kollegen berichte. ‹Das ist schwierig›, antwortete er, ‹ich kann den Kollegen doch nicht ansprechen – der sagt nur: ‚Hören Sie mal, der können Sie doch nicht glauben.'› Auf die Frage ‹Sie schützen also den Verbrecher?› fasste Cremerius seine Position so zusammen: ‹Ich kann nur hoffen, dass *die Frau* ihn anzeigt. Ich kann doch nicht selbst zum Richter gehen, ich habe doch keine Beweise. Ich kann nur auf Aufklärung setzen. Und mir wünschen, dass die Opfer trotz aller Schwierigkeiten irgendwann bereit sind, sich öffentlich, mit ihren Namen, zu Wort zu melden.›

Diese Stellungnahme eines erfahrenen Fachkollegen, der schon vor Jahren Veröffentlichungen zu diesem Thema vorgelegt hat, ist nicht leichtfertig dahin gesprochen. Die Kritik aus juristischer Perspektive innerhalb der Fachöffentlichkeit nimmt zu. In der Fachzeitschrift *Sexueller Missbrauch in Psychotherapie und Psychiatrie*, die gleichzeitig als offizielles Mitteilungsorgan der Ärzte für Neurologie, Psychiatrie und Psychotherapie herausgegeben wird, rezensiert R. Wittig ein Buch über sexuellen Missbrauch in der Psychotherapie und empfiehlt es, ‹damit auch die ‚Ko-Täterschaft' durch stillschweigende Toleranz, Unwissenheit und Unsicherheit reduziert werden kann, die den Umgang mit Missbrauch bisher in den Fachverbänden geprägt hat›.

Nebenbei bemerkt klingt hier eine von vielen Ähnlichkeiten an, die zwischen sexuellem Missbrauch in therapeutischen Beziehungen und solchen in Familien bestehen: Hier wie dort gibt es neben den Tätern Personen, die der Mitwisserschaft und des Stillhaltens beschuldigt werden. Hier wie dort bewirkt erst ein Eingriff von außen die Offenbarung des Missbrauchs als einen katastrophalen Vorgang, der umgehend beendet und anschließend mit aller Mühe wieder gutgemacht werden muss. Hier wie dort können wir von denen, die der stillschweigenden Mitwisserschaft beschuldigt werden, erfahren, welche Empfindungen sich bei ihnen einstellen: Scham und das Gefühl, nur schwer erklären zu können, worin

Hilflosigkeit und Gelähmtheit begründet sind, die in das Stillschweigen münden; eine Art Gewissheit, nie vollständig von den Schuldvorwürfen freigesprochen zu werden, obgleich ihnen seinerzeit schien, es gäbe kein besseres Vorgehen, jedenfalls nicht im Rahmen der eigenen Möglichkeiten.

Solche Schuldvorwürfe entstehen keineswegs erst dann, wenn durch öffentliche Aufmerksamkeit Licht in das Dunkel eines Missbrauchs fällt. Die meisten Geschehnisse dieser Art werden gar nicht bekannt, von einigen wissen nur Eingeweihte, ganz wenige werden veröffentlicht. Öffentliche Vorwürfe, als Mitwisser schuldig geworden zu sein, sind daher viel seltener als Selbstvorwürfe Eingeweihter. Diesen kann sich in sehr belastender Weise immer wieder die Frage aufdrängen, ob sie verantwortungsvoll mit ihrem Wissen umgehen und ob ihre Zurückhaltung eher am eigenen oder am Wohle der Klientin orientiert ist.

Ähnlich ist es mir im folgenden Fall ergangen: Als ich 1988 in einer psychosomatischen Klinik als Assistenzarzt in der Weiterbildung zum Psychiater und Psychotherapeuten tätig war, fiel mir die Extrovertiertheit von zwei Psychologen auf, die sich als gestalttherapeutisch ausgerichtet bezeichneten. Obwohl die Gruppenbehandlung in der Selbstdarstellung der Klinik als traditionell tiefenpsychologisch beschrieben wurde, verbreiteten diese Psychologen intern ein Klima der Begeisterung für Gestalttherapie, auch durch therapeutische Beziehungsfreude, ihre emotionale Mitteilungsbereitschaft und ihr forderndes Verlangen an ihre Patientinnen, sämtliche Gefühle zu äußern und alle Scham und Hemmung fallen zu lassen, ausgedrückt. Gegenüber ihren Gruppentherapiepatienten und besonders -patientinnen vertraten die Gestaltpsychologen diese Standpunkte mit der Autorität der Therapeutenrolle nachdrücklich, bei Widerständigkeit zuweilen geradezu aggressiv fordernd. Gegenüber Teammitgliedern – auch hier unter besonderer Beachtung der weiblichen – taten sie das Gleiche. So gab es reichlich Umarmungen, Komplimente, offene Mit-

teilungen über die Freude an der entstandenen Nähe, über ‹Angemachtsein› durch ‹deine geile Kleidung und deinen tollen Körper›.
Kritisiert wurden dabei jene, die sich mehr zurückhielten, als noch nicht austherapiert und neurotisch gehemmt.

Einen offenen professionellen Dialog über die Frage, ob solche Umgangsformen therapeutisch hilfreich für die Patientenseele seien, gab es zunächst nicht. Zu beeindruckend waren die therapeutischen Meisterleistungen im Herausholen verschütteter Gefühle, die unseren Gestalttherapeuten gelangen. Aus ihren Therapieräumen schallten die kräftigsten Schreie, das lauteste Weinen und das befreiteste Lachen. Ihre Patientinnen waren schon äußerlich zu erkennen, sei es am reichlichen Fluss von Tränen, ausführlichen Zuneigungsbekundungen oder heftigen Abgrenzungsattacken und kreativen Überraschungen. Stand eine Entlassung bevor, wurde zur Feier des offenkundigen Therapieerfolges in bester Stimmung ein Abschiedsfest in Szene gesetzt, da selbst das Thema Abschied zuvor im Gruppenprozess erschöpfend behandelt worden war. Diese Feierlichkeiten wurden gekrönt durch die persönliche Verabschiedung des Therapeuten, der Geschenke und Umarmungen, Komplimente und Lobgedichte ohne jede Hemmung gerührt entgegennahm. Dieses Angerührtsein schien eine Bescheidenheit auszudrücken, die in lebhaftem Kontrast stand zu dem strahlenden Selbstbewusstsein, mit dem diese Situationen durch sexuelle Anspielungen aufgeladen wurden.

In dieser Phase erhielt ich während meiner Nachtdienste von einer Krankenschwester unserer Abteilung verzweifelte Anrufe: Sie sei vor wenigen Monaten auf Anraten eines der genannten Psychologen in eine dieser Gestalttherapiegruppen eingetreten, nun aber völlig verwirrt, da sie nicht mehr wisse, ob das gut für sie sei. Er habe ihr gesagt, sie müsse etwas für sich tun, wenn sie nicht in der Enge ihrer Zweierbeziehung, der Doppelbelastung als Mutter einer kleinen Tochter aus dieser Beziehung und ihrer Berufstätigkeit gefühlsmäßig absterben wolle. Es sei kein Wunder, wenn sie manchmal keinen Grund mehr erkenne, im Mief der Kleinfamilie zu verbleiben. Eine Therapiegruppe könne ihr helfen, ihre eigentlichen Bedürfnisse zu erfahren, und Kraft geben, nach diesen dann auch zu leben.

Ich dürfe niemandem etwas davon erzählen, verlangte diese Krankenschwester in den folgenden Monaten immer wieder, auch noch, als ich sie nach einem Suizidversuch am Krankenbett besuchte, und noch Jahre nach dem Abbruch jener Therapie, als ich sie bat, sich anonym über sexuellen Missbrauch in der Therapie befragen zu lassen: Sie sei noch immer nicht richtig über die damaligen Erfahrungen hinweg und fürchte auch, die ehemaligen Gruppenmitglieder würden sie bedrängen und fertig machen, sie habe zu viel Angst.

Ich berichte also verschlüsselt und verkürzt weiter: Gabi, wie ich sie hier nennen will, wurde in ihrer Gruppentherapie als Erstes geraten, ihre bisherigen Bindungen zu lösen. Sie solle Mann und Tochter verlassen, eine eigene Wohnung mieten und einen ganz neuen Freundeskreis aufbauen. Hierfür werde jede Unterstützung geboten – von den anderen Gruppenmitgliedern, die auf diese Weise für die Folgezeit zum wichtigsten sozialen Halt und Bezugspunkt für Gabi wurden. Angefeuert wurde sie unter anderem durch den Hinweis, die therapeutisch Fortgeschritteneren hätten diesen Befreiungsschlag aus alten Bindungen auch geschafft und seien seitdem glücklicher. Gabi folgte diesen Ratschlägen trotz widerstrebender Gefühle und starker Schuldgefühle gegenüber ihrer Tochter. Es folgten jedoch immer neue Selbstbehauptungsaufgaben, denen ichstärkende Funktionen zugeschrieben wurden. Einige dieser Übungen liefen auf aggressive Akte gegen Außenstehende hinaus, in beleidigender Weise sollten die Emotionen Wut und Ärger befreit werden. Auch Bedürfnisse nach Nähe und Sexualität sollten mutig und ohne falsche Hemmungen untereinander und nach außen zum Ausdruck gebracht werden. Schamgefühle oder moralische Bedenken hatten den Stellenwert neurotischer Fesseln, sie sollten überwunden werden. Wer also exhibitionistische Phantasien hatte, warum sollte der sich nicht vor aller Augen auf dem Tisch entkleiden? Wer zögerte, wurde angefeuert, dann heftiger bedrängt und schließlich mit Aggressionen bedacht und mit Schmähungen überhäuft. Gute Therapiefortschritte machte, wer sich viel traute. Dafür gab es Gruppenbestätigung, im umgekehrten Fall die entsprechende Ablehnung. Wenn jemand nicht mehr konnte und durchdrehte, verloren Therapeut und Gruppe auch mal die Geduld. Sie schlossen dann messerscharf, der Betreffende wolle offensichtlich nicht zu persönlicher Freiheit reifen und solle die Verantwortung für diese Entscheidung ruhig übernehmen, die Gruppe also verlassen. Wer nicht von selbst begriff, dass jetzt rasche Folgsamkeit oder Abmarsch angesagt war, der durfte von der sich selbst befreienden Gruppe vor die Tür gesetzt werden.

All dies lief von Anfang an unter der Auflage striktester Verschwiegenheit nach außen. Ob diese Auflage mit einer expliziten Drohung gegen Zuwiderhandelnde verknüpft war, ist mir nicht bekannt. Aber sowohl Gabis spürbare Angst vor Racheakten als auch der Bericht psychiatrischer Kollegen, die psychotisch dekompensierte Klienten aus jenen Gruppen zu behandeln hatten und dabei auf heftigste Ängste stießen, lassen auf solche Drohungen schließen.

Gabi hat mir über die Entkleidungsübungen hinaus keine anderen konkreten Gruppenaufgaben sexuellen Inhalts nennen mögen oder können. Sie blieb bei allgemeineren Beschreibungen und sagte immer wieder: ‹Ich darf dir nicht mehr erzählen. Wenn ich all das sage, was in der Gruppe passiert, das wäre schrecklich. Ich habe Angst, weil sie mir das übel nähmen.›

Gabi war in ihren Mitteilungen mir gegenüber auch wohl deswegen zurückhaltend, weil innerhalb der Klinik inzwischen eine offene Auseinandersetzung entstanden war über jene angebliche Gestalttherapie der beiden psychologischen Kollegen. Erstmals war durch genaueres Nachforschen deutlich geworden, dass sie ihre therapeutische Ausbildung bei einem selbst ernannten Psychologen ohne tragfähige Fachlichkeit absolviert hatten. Ihre selbstgefällige Ignoranz gegenüber zentralen Regeln psychotherapeutischer Arbeit war als narzisstisch motiviert kritisiert worden und der Disput nun endlich supervisionsfähig. Da ich jene gestalttherapeutische Gruppe als Macht und Abhängigkeit missbrauchend kritisierte, erfuhr Gabi sowohl durch eigenes Miterleben wie auch über den informellen Austausch in ihrer Gruppe, dass ich eher ihr Feind und daher zu bekämpfen, zumindest aber zu meiden sei.

Nachdem Gabi in einigen trotzdem mit mir geführten Telefonaten geäußert hatte, sie wisse, dass sie eigentlich sofort aus der Gruppe ausscheiden müsse, könne das aber nicht, da sie keinen anderen Halt habe, kam ein Anruf von einem Ergotherapeuten der Klinik, der über die auswegslose Verzweiflung von Gabi berichtete. Kurz darauf versucht sie, ihr Leben durch Selbsttötung zu beenden, was durch medizinische Maßnahmen verhindert werden konnte. Sie brauchte einige Tage, um wieder zu Kräften zu kommen, schien aber zum größeren Teil froh, noch am Leben zu sein.

Bei einem Besuch im Krankenhaus erzählte ich ihr, dass ich ihre Auflage, nichts von ihren Berichten weitersagen zu dürfen, angesichts des Schadens, den sie in ihrer Therapiegruppe erleide, schwer erträglich fände, und fragte, ob nicht der Augenblick gekommen sei, Kritik am Gruppengeschehen zu üben und damit eine Ablösung aus den dortigen Abhängigkeits- und Loyalitätsfesseln zu wagen, zumindest andere Therapieangebote wahrzunehmen.

Gabi lockerte ihre Verschwiegenheitsauflage mir gegenüber nicht. Sie schaffte aber nach einigen Rückschritten den Einstieg in eine anderweitige stationäre Psychotherapie. Sie hat sich von der damaligen Gruppe lösen können, wenn sie auch deren Drohungen bis heute verinnerlicht hat.

Mit diesen Erfahrungen ausgestattet, stehe ich mit dem Vorwurf da, wegen Unwissenheit, Unsicherheit und Toleranz durch Schweigen mitschuldig zu sein am Schaden, der Gabi von psychotherapierenden Kollegen zugefügt wurde.

Unwissenheit für mich in Anspruch zu nehmen, fände ich recht verwegen. Wenn auch das meiste, was ich zum Thema Missbrauch in der therapeutischen Beziehung gelesen habe, nach diesen Ereignissen geschrieben wurde, so kannte ich seinerzeit doch die Abstinenzregel mit Freuds Warnung, dass der Umgang des Therapeuten mit Patienten nicht aus dem unmittelbar eigenen Gefühlsleben oder dem eigenen Unbewusstsein bestimmt sein soll. Ich kannte die Forderung, das Wohl der Patienten vor das des Therapeuten zu stellen. Ich hatte gelernt, dass therapeutenseitige Phantasien und Regungen zwar bewusst wahrgenommen und als mögliche Hinweise zum besseren Verstehen seelischer Vorgänge beim Patienten bedacht werden sollten, nicht aber ausgelebt werden dürfen.

Ich hatte auch begriffen, dass Patienten ganz bestimmte Gefühle im Therapeuten hervorrufen können und dass insbesondere die Gefahr besteht, aggressiv ablehnend oder sexuell angezogen zu reagieren. Ich hatte zudem erfahren, dass gerade in solchen Situationen die Sicherheit eines Therapeuten von einigen Patienten geradezu geprüft wird, aktiv, aber unbewusst. Und dass sich nur dann, wenn ein Therapeut solche Prüfung besteht, also nicht zu aggressiver Ablehnung oder sexueller Annäherung zu verführen ist, ein günstiger Therapieverlauf entwickeln kann, weil erst danach zuvor ausgesparte Erlebnisse und Phantasien von den Patienten zur Sprache gebracht werden.

Ich war unsicher, wie ich verantwortlich mit den mir anvertrauten Informationen umgehen sollte. Mein Nachdenken darüber erbrachte ebenso viel Widersprüchliches wie Diskussionen mit Freunden und Kollegen.

Wenn ich mir vorstellte, ich würde mein geringes, aber bereits beunruhigendes Wissen und die noch schwerwiegenderen Schadensberichte anderer Psychiater und Psychotherapeuten einem größeren Kollegenkreis und potentiellen Patientinnen, d. h. also letztlich der Öffentlichkeit, vortragen, stellten sich Bedenken und ungute Gefühle ein. Einige davon will ich im Folgenden beschreiben:

Erstens wollte ich zunächst besser verstehen, wieso plötzlich eine so heftige Betroffenheitswelle durch die Therapeutenschaft ging. Der Verdacht, dass Missbrauch in Psychotherapien ein Modethema mit hoher Publikumswirksamkeit ist, das eine ausgezeichnete Bühne für die Selbstdarstellung als seriöser Therapeut bietet, drängt sich auf. Dies umso mehr, als eine wachsende Konkurrenz auf dem therapeutischen Angebotsmarkt erkennbar wird. Ohne Zweifel ist eine verlässliche moralische Position zu dieser Frage eine Voraussetzung psychotherapeutischer Qualität. Aber Moralapostel sind nicht automatisch qualifizierte Therapeuten.

Hinzu kommt zweitens ein anderer Verdacht: Wer viel über das unmoralische Handeln anderer Menschen schimpft, hat oft selbst eine Beziehung zu den vorgeworfenen Inhalten, die er nicht wahrhaben mag oder gar verbergen möchte. Und so frage ich mich zuweilen, ob die allseits spürbaren Schuldgefühle in unserer Diskussion nur auf bisheriges Stillschweigen oder im Einzelfall doch auf eigene Missbrauchshandlungen zurückgehen.

Ich vermute, dass eine Mehrzahl von Therapeuten empfindet

wie ich: Angesichts des realen Verführungscharakters bestimmter therapeutischer Konstellationen ist da zunächst staunende Dankbarkeit, vom erotischen Strudel solcher Momente bislang nicht davongerissen worden zu sein. Unsicherheit kommt hinzu, ob dies in Zukunft so bleiben wird. Ein schamvolles Bewusstsein der eigenen Verführbarkeit stellt sich ein. Dass damit archaische Ängste, Schuldgefühle und Aggressionen verbunden sind, ist keine dramatisierende Behauptung. Mit der Thematisierung von Missbrauch in Abhängigkeitsbeziehungen werden frühe traumatisierende Erfahrungen aufgewühlt und erzeugen eine latente Angst vor drohendem emotionalem Kontrollverlust und vor Regression. Ich bin überzeugt, dass hierin auch der Grund für beide Reaktionsrichtungen bei Kollegen auf das Missbrauchsthema liegt: Sowohl die schamhafte Abwendung vom Thema und starres Desinteresse als auch wütende Hinwendung und Befassung sind geeignet, das aufkommende Durcheinander der genannten Gefühle einzudämmen.

Als Psychiater etwas gegen missbrauchende Therapeuten zu sagen führt drittens nach meiner Erfahrung zu der Unterstellung, hier lediglich Zündstoff innerhalb einer Berufsgruppenkonkurrenz abzufackeln. Ärztliche Psychotherapeuten, so heißt es, würden das Missbrauchsthema einsetzen, um Psychologen durch Rufschädigung vom Geldhahn der Krankenkassen fern zu halten. Sexualität eigne sich dazu erfahrungsgemäß gut, sie werde ja auch in der Politik als Waffe eingesetzt, wobei es irrelevant sei, ob ein Missbrauch stattgefunden habe oder nicht.

Auch Neid wird gern als eigentliches Motiv von Missbrauchskritikern genannt. Bei genauer Betrachtung berührt dieser Vorwurf zwei verschiedene Ebenen. Die eine ist, dass Therapeuten, die körperliche Berührungen bis hin zu sexuellem Austausch für legitim halten, bei anderen Phantasien über sprudelnde Lebendigkeit, erotische Attraktivität und kommunikative Kompetenz hervorrufen und dass abstinente Therapeuten sich diese Eigenschaften in Wahrheit auch wünschten. Die andere ist, die Abstinenten würden mit ihren Patientinnen gerne und – hätten sie die Möglichkeit – sofort sexuell verkehren und schwärzen voller Neid die in dieser Hinsicht mutigeren und erfolgreicheren Kollegen an.

Im speziellen Fall der geschilderten Klinikereignisse durfte ich noch über ein weiteres Thema nachdenken: War ich, wie mir vorgeworfen wurde, nur neidisch auf die offensichtlich enge Gemeinschaft jenes gestalttherapeutischen Gruppengeschehens, auf die dort gebotene Geborgenheit und die dort geübten Umgangsformen? Dazu muss man wissen, dass sich im Laufe von etwa zehn Jahren diese Gruppe als eine Art Sekte um einen charismatischen Therapeuten bildete, der als Berufsfremder Kontakt zur amerikanischen Gestalttherapie hatte. In sektentypischer Weise war die Eintrittsphase in diesen als Gruppentherapie dargebotenen Marathon geprägt von der Ablösung von den bisherigen sozialen Beziehungen und dem Aufbau intensiver privater und zum Teil auch beruflicher Bindungen innerhalb der Gruppen. Durch eigene Ausbildungsgruppen wurden verschiedene Hierarchieebenen geschaffen, bis diese Organisation, einer Pyramide vergleichbar, ganz und gar auf den Gründer ausgerichtet war. Das Zusammengehörigkeitsgefühl der Beteiligten war unzweifelhaft beeindruckend. Was allerdings auch geschah, war eine groteske Unterordnung unter die Allwissenheit des ‹Gurus› und seiner Stellvertreter. Zum großen Befremden ihrer Umgebung gerieten selbst bisherige Anhänger einer umfassenden Emanzipation in den Sog dieser vermeintlich befreienden Therapiegruppen. Nun ist schon andernorts darüber nachgedacht worden, wie es möglich ist, dass Angehörige so anspruchsvoller und autoritär geführter Gruppen ihre Teilnahme auch dann noch fortsetzen, wenn sie nach und nach erkennen, dass sie die dortige Geborgenheit mit sklavischer Unterwerfung bezahlen müssen. Die Bereitschaft zur Unterordnung unter so viel Führungsanspruch hat nicht etwa

Masochismus zur Voraussetzung. Es reicht ein diffuses Empfinden des Alleinseins, der Verlassenheit bei der Suche nach Orientierung und nach Halt im Lebenskampf. Treffen wir dabei auf eine Persönlichkeit, die sich durch selbstbewusstes und durchsetzungsfähiges Auftreten auszeichnet, kann eine latente Bereitschaft zur Unterordnung und Gefolgschaft aktiviert und eigenes Geltungsstreben neutralisiert werden.

Doch nicht nur die Gruppengeborgenheit ist für die Anziehungskraft einer solchen Therapiesekte verantwortlich, sondern auch das Therapiethema Sexualität: Eine stattliche Anzahl von PatientInnen kommt in die Psychotherapie mit der ausdrücklichen Zielsetzung, hier ihre sexuelle Empfindungs- und Ausdrucksfähigkeit zu verbessern. Sie möchten ihre Kommunikationsfähigkeit in diesem Bereich entwickeln und fähiger werden zu neuen Intimbeziehungen, um die eigene Attraktivität und das Selbstbewusstsein zu steigern. Das zentrale Thema der Emanzipationsbewegung war die sexuelle Befreiung, und so ist es verständlich, dass viele die Hemmnisse schlecht hinnehmen können, auf die sie – trotz Offenheit für Sexualität – in ihrem Inneren stoßen. Ein ungelöstes Problem scheint mir dabei der Wunsch nach Freiheit alles Individuellen einerseits und dem dazu in Widerspruch stehenden Angebot einer überindividuell richtigen und befreiten Sexualität in bestimmten Psychotherapien andererseits zu bestehen. Bestünde Klarheit über diese Dialektik, wären vereinfachende Aussagen nicht so attraktiv.

Davon aber wird man ausgehen müssen: Es gibt emotionale Probleme im sexuellen Bereich und demnach muss es auch Psychotherapie für die darüber Klagenden geben. Und da jeder Therapeut entsprechende Fälle betreut, stellt sich an sie alle die Frage, ob unter Beachtung des Abstinenzgebotes Therapie sexueller Probleme überhaupt gelingen kann. Psychoanalytiker können an diesem Punkt recht empört reagieren. Denn wenn eine Heilkunde die Sexualität aus ihren bürgerlichen Fesseln befreit hat, dann war es die Psychoanalyse. Aber für den inzwischen erreichten

Stand der gesellschaftlichen Entwicklung scheint diese Bewertung überholt. Der heute herrschenden Auffassung zur Ethik in der Psychotherapie gilt der Vorwurf, sie verschließe sich mit der prinzipiellen Ablehnung sexueller Kontaktelemente in der therapeutischen Beziehung ihren Patienten und baue einen Schutzwall gegen das vermeintlich Böse, das aus der sexuellen Lustbereitschaft ihrer Patienten hervorluge. Statt der ursprünglich aufklärerischen Haltung unterstütze solche Psychotherapie die alte christliche Moral. Neurotische Schuldgefühle, zu deren Therapie man ursprünglich angetreten sei, würden dadurch zementiert. Diese zunächst verblüffende Argumentation geht davon aus, dass es innerhalb therapeutischer Beziehungen möglich ist, in einer Art exemplarischen Lernens intime Beziehungen aufzubauen und nach Eintritt des Lerneffektes wieder – behutsam, versteht sich – zu lösen. Eine solche Steuerbarkeit von Gefühlen und eine dementsprechende Funktionalisierbarkeit von Beziehungen halte ich, besonders für die Bereiche Zuneigung, persönliche Nähe und Sexualität, für unrealistisch. Es sei denn, es handelt sich um pathologische Abspaltungsvorgänge, die man niemandem unterstellen möchte.

Oder aber der argumentierende Therapeut sieht sich wirklich als einen zu echter Beziehungsaufnahme bereiten Menschen. Dann wäre es keine Psychotherapie mehr und es müsste der Asymmetrie der Abhängigkeitsverteilung keine spezielle Aufmerksamkeit gewidmet werden. Dieser Unterschied zwischen professioneller und alltäglicher Beziehung ist nicht leicht auszuhalten und auch die ungleiche Machtverteilung wird ungern gesehen. Besonders in meiner Generation ist Machtungleichheit viel kritisiert worden und daher kann ich diese Verleugnungstendenz gut nachvollziehen.

Die Asymmetrie der Machtverteilung und dazu reziprok der Abhängigkeitsverteilung ist aber eine zentrale therapeutische Realität. Sie impliziert ja gerade die starke Missbrauchbarkeit der PatientInnen. Wer die Asymmetrie leugnet, darf sich nicht wundern, wenn er eigene Übergriffe und sogar Missbrauchshandlungen zu spät als solche identifiziert.

Eine weitere Schwierigkeit, mit Missbrauchserfahrungen an die Öffentlichkeit zu gehen, habe ich selbst in der Klinik erlebt: In entwaffnender Weise verwiesen dort die beiden kritisierten Psychologen auf Untersuchungen, die persönliche Merkmale der typischen Missbrauchstäter in therapeutischen Beziehungen erforscht hatten. Anfällig waren danach solche Psychiater und Psychologen, die unter unglücklichen Intimbeziehungen und Kontaktarmut litten und durch Arbeitssucht zu kompensieren suchten. Die beiden Psychologen bezeichneten sich selbst als erotisch befriedigte Männer mit vielerlei freundschaftlichen Kontakten und ohne Probleme in der beruflichen Abgrenzungsfähigkeit. Vorsichtig formuliert: Wenn einmal ein Psychotherapeut eine eventuelle existentielle Unzufriedenheit nicht ernst nimmt oder nicht wahrhaben will, so steht ihm eine Selbstkontrollmöglichkeit nicht mehr zur Verfügung, nämlich die Selbstanfrage, ob er seine Handlungen in der Therapie ausführt, weil er sie selbst oder weil die Patientin sie braucht.

Wenn aufseiten des Therapeuten übergriffige Handlungen gar nicht als Problem wahrgenommen werden, dann entfällt eine weitere Korrekturmöglichkeit: die Supervision, in der über die erotische Anziehung zu sprechen wäre. Wer da keine Schwierigkeiten sieht, muss schon sehr gut Augen und Ohren aus der fachlichen Diskussion heraushalten. Und sie ist verwirrend, wie die folgende Diskussion zeigt, die, vom selben Gedanken ausgehend, zu gegensätzlichen Feststellungen gelangt. Ein Psychologe und Sexualtherapeut argumentiert, dass die Verknüpfung des Begriffs Sexualität mit Eros und Zärtlichkeit und weiter mit Inzest, Vergewaltigung und Seelenmord bei Therapeuten Ängste vor positiver Fürsorglichkeit und Körperlichkeit bewirke. Er verweist insbesondere auf werdende oder unsichere Psychotherapeuten, die aus Angst vor zu viel Nähe und vor Sexualität ihre Zuflucht in die ‹gelobte Abstinenz› nähmen.

Genau umgekehrt argumentiert eine analytische Beschreibung: Intime Nähe werde in therapeutischen Beziehungen zunächst zugelassen, um sie bei Eintritt von zu großer Nähe auf verletzende Weise zerstören zu können. Dies sei dem aggressiven und zerstörenden Charakter sexueller Missbrauchshandlungen in Therapien zu entnehmen. Es handele sich also nicht, wie auf den ersten Blick irrtümlich angenommen, um sexualisierte Nähebedürfnisse, sondern um sexualisierte Aggression, ebenfalls ausgehend von Beziehungsängsten.

Zuletzt sollen noch zwei weitere Diskussionspunkte bedacht werden: ein juristischer und ein standespolitischer. Es ist eine zentrale Frage bei der Aufarbeitung erlittenen Missbrauchs in der Therapie, ob eine Patientin vor Gericht gehen sollte oder nicht. Während Außenstehende zumeist starke Wut auf den Missbrauchenden entwickeln, empfinden die wenigsten Missbrauchsopfer wütende Empörung. Bei ihnen stehen Scham und Selbstbeschuldigungen im Vordergrund. Besonders bei noch bestehender therapeutischer Beziehung wie etwa bei Gabi sind den äußeren Einwirkungsmöglichkeiten enge Grenzen gesetzt. Für beteiligte Dritte ist die Versuchung groß, aus eigenem Affekt heraus die Patientin in eine aggressive Auseinandersetzung zu drängen. Manchmal spielt dabei ein Selbstaufwertungsbedürfnis eine Rolle, etwa der Wunsch, als Übertherapeut Anerkennung zu ernten. Werden missbrauchte Patientinnen zur Missachtung ihrer Scham- und Schuldgefühle aufgefordert, dann nimmt man ihnen die Möglichkeit, die Dynamik dieser Gefühle zu verstehen: ihre Identifikation mit dem Missbraucher einschließlich der Übernahme seiner Schuld. Solange der Verarbeitungsprozess nicht zu einem neuen Selbstverstehen gereift ist, verdient die Entscheidung der Patienten Respekt, auch wenn wir mit ihr nicht übereinstimmen. Solidarische Empörung mag ihr als Mitgefühl offenbart werden und eine Hilfe sein, aber über ihr weiteres Vorgehen liegt die Entscheidung allein bei ihr.

Hierzu gibt es den Einwand, dass die missbrauchte Patientin damit überfordert und allein gelassen wird. Als Bestätigung dieser Position könnte eine Stellungnahme von Cremerius aufgefasst werden. ‹Allen, deren Berichte mir glaubhaft erschienen, habe ich gesagt: Ich kenne einen vernünftigen Richter, gehen Sie dort hin, ich würde mich dann als Gutachter hören lassen. Aber von 60 oder 70 Frauen ist keine einzige meinem Rat gefolgt.› Hinsichtlich der Hoffnung, auf gerichtlichem Weg Missbrauchshandlungen in Psychotherapien zu reduzieren, ist dies eine deprimierende Mitteilung, aber für die individuell betroffene Patientin ist diese Zurückhaltung berechtigter Selbstschutz. Beteuern und vor Gericht schließlich belegen zu müssen, dass zweifelsfrei ein Missbrauch vorliegt, kann sehr belastend sein und zum seelischen Zusammenbruch führen. Das Gericht steht vor der kaum lösbaren Aufgabe, einerseits zu verhindern, dass die Patientin durch die Art der Befragung erneut benutzt und diesmal – wenn auch für einen gut gemeinten Zweck – missbraucht wird, indem ihre persönliche und intime Geschichte in allen biographischen Details ausgepresst wird. Andererseits soll eine Klärung herbeigeführt werden zur Frage: Was ist ein Folgeschaden des Missbrauchs und was war unabhängig davon schon da? Ferner soll aus den vorgelegten Fakten die Eigenverantwortung ermittelt werden. Die Patientin wird dabei wie andere Erwachsene auch auf ihre Freiwilligkeit befragt. So komplizierte Konstruktionen wie Abhängigkeit, Entscheidungsschwäche, Identifikation, Rollentausch etc. sind dagegen nicht so leicht abgrenzbar und quantifizierbar.

Schließlich soll noch dem Einwand begegnet werden, die Öffentlichmachung von Missbrauchsfällen stelle eine potentielle Rufschädigung des Berufsstandes der Psychiater und Psychotherapeuten dar. Dies ist schon in der Anfangszeit der Psychoanalyse ein Problem gewesen, als C. G. Jung seinem Lehrer Freud über eine sexuelle Beziehung zu einer seiner Patientinnen berichtete. Freud reagierte sehr zurückhaltend und eher beschwichtigend, indem er auf eigene Schwierigkeiten verwies, erfolgreich allen diesbezüglichen Verführungen gegenüber standhaft geblieben zu sein. Freuds Tochter Anna, die er pikanterweise selbst analysierte, hatte mit der Mutter von vier Kindern, die sie analysierte, eine Jahrzehnte dauernde intime Beziehung. Die öffentliche Erörterung dieser therapeutischen Beziehungsprobleme hätte nach Auffassung einiger heutiger Analytiker das Ende der noch jungen psychoanalytischen Bewegung bedeuten können. Auch heute noch wird die Sorge geäußert, ob ein ins Gerede gebrachter psychotherapeutischer Berufsstand nicht durch Diskretion vor vereinfachenden Angriffen geschützt werden sollte. Letztlich würden die Patienten darunter leiden, wenn neben den Angriffen wegen Uneffektivität von Psychotherapien auch noch ethische Vorwürfe zu einer Verringerung der Bereitschaft beitrügen, die erbrachten Therapieleistungen zu bezahlen.

Hinsichtlich dieses Einwandes wird man aber mit der Unterstützung der Mehrheit der psychotherapeutischen Kollegen rechnen dürfen, missbrauchende Kollegen mit gravierenden Sanktionen zu belegen.

Die Schwierigkeit, die offene Konfrontation mit missbrauchenden Kollegen zu suchen, belegt, dass in jedem Fall individuelle Abwägungen nötig sind.»

Anhang

Selbsthilfe für Therapiegeschädigte

«Kontakt zu Therapiegeschädigten gesucht.» – «Wer hat schlechte Erfahrungen in Therapie gemacht und ist an Gedankenaustausch interessiert?» Chiffre: LX. Anzeigen wie diese in Tageszeitungen oder Stadtmagazinen sind keine Ausnahme mehr. Die Therapieopfer suchen Hilfe durch Selbsthilfe. Immer mehr enttäuschte Klienten setzen sich über Selbstzweifel, Loyalitätskonflikte und Angst vor ihrem früheren Therapeuten hinweg und suchen Kontakt zu Leidensgenossen. Eine Suche, deren Erfolg bisher dem Zufall überlassen bleibt: Die Kontaktaufnahme erfolgt meist anonym, kaum einer der Zusammenschlüsse Therapiegeschädigter ist offiziell registriert. Deshalb erhebt die Adressenliste von selbst organisierten Gruppen Therapiegeschädigter auch keinen Anspruch auf Aktualität und Vollständigkeit.

Wie so eine Selbsthilfegruppe funktionieren kann, schildert exemplarisch der folgende Bericht. Diplompsychologe Bernd Brixius, Mitglied des münsterschen Arbeitskreises gegen Missbrauch und Grenzverletzungen in Therapie und Ausbildung, hat die Gründung einer Selbsthilfegruppe auf Wunsch der Betroffenen in Zusammenarbeit mit der münsterschen Therapeutin Elisabeth Böckers-Lenfers begleitet. Sein Bericht gibt die spezifischen Probleme der Selbsthilfegruppe wieder:

«Kann eine Selbsthilfegruppe Menschen helfen, die in ihrer Therapie Grenzverletzungen und Missbrauch erlebt haben, nach diesen traumatisierenden Erfahrungen wieder Mut und Vertrauen zu eigenen Entscheidungen zurückzugewinnen?

Neun Monate nach Gründung der Selbsthilfegruppe möchte ich versuchen, ansatzweise Antworten auf diese Fragen zu geben:

Die Ausgangslage

Fälle von Therapiemissbrauch in unserer Stadt waren uns seit längerem bekannt, als sich, im Anschluss an eine Veranstaltung zum Thema mit der Autorin Claudia Heyne, der Arbeitskreis gegen Missbrauch und Grenzverletzung in Therapie und Ausbildung gründete. In diesem Kreis sind Fachkollegen und -kolleginnen aus verschiedenen Bildungs- und Beratungseinrichtungen, Psychotherapeuten und Ärzte aktiv. Unser Ziel war es zunächst, Diskussionszusammenhänge zu schaffen, die das Thema des Therapiemissbrauchs öffentlich machen. Welche Lawine wir damit ins Rollen gebracht haben, haben wir damals nicht geahnt. Nach der ersten größeren Veranstaltung meldeten sich über unser Kontakttelefon fast jeden Tag neue Betroffene, die Information, Hilfe und den Austausch mit anderen Betroffenen suchten.

Sie machten uns sehr schnell deutlich, dass sie Unterstützung brauchten, um

- sich mit den Scham- und Schuldgefühlen auseinander zu setzen, die die in der Therapie erfahrenen Grenzverletzungen hinterlassen hatten und die sie erneut in tiefe Verunsicherung gestürzt hatten;
- die Wut- und Rachegefühle gegen die grenzverletzenden Therapeuten und Therapeutinnen zuzulassen und sie in eigene – den persönlichen Kräften angemessene – Strategien umzusetzen.

Durch die schlechten Erfahrungen war bei vielen Betroffenen das Misstrauen gegenüber Therapeuten so groß, dass eine Vermittlung in neue Therapien nicht möglich erschien. So entstand die Idee zur Gründung einer Selbsthilfegruppe.

Der Balanceakt zwischen Selbsthilfe- und Therapiegruppe

Uns war und ist kein Konzept bekannt, an dem wir, die professionellen Begleiter dieser Selbsthilfegruppe, uns bei den Überlegungen zu unserer Arbeit hätten orientieren können. Wir waren auf unsere eigenen Einschätzungen und Ideen angewiesen. Uns war von Beginn an klar, dass sich unsere Rolle deutlich von der klassischen Therapeutenrolle unterscheiden musste, wenn es gelingen sollte, das Selbsthilfepotential der einzelnen Gruppenmitglieder zu wecken und zu fördern. Der persönliche Leidensdruck und die drängende Aufarbeitung der Erfahrungen ließen uns vermuten, dass dieses Potential bei den Betroffenen sehr gering ausgeprägt war.

Wir entwickelten das Konzept einer moderierenden Begleitung der Selbsthilfegruppe. Ziel sollte sein, uns innerhalb von etwa eineinhalb Jahren überflüssig zu machen. Dies sollte durch Vergrößerung der zeitlichen Abstände der Gruppentreffen mit unserer Moderation – und die dadurch bedingte Steigerung der Selbsthilfegruppe-Treffen ohne uns – geschehen. Unser Ziel war, uns möglichst wenig als Adressaten von Übertragungen anzubieten, sondern das ‹Erwachsenen-Ich› der Gruppenmitglieder (Ausdruck aus der Transaktionsanalyse) anzusprechen und zu stärken. Wir wollten das Gruppengefühl und die Beziehungen der Mitglieder untereinander fördern und so ein Gegengewicht zu uns schaffen. Und wir wollten diese Rolle zu zweit ausfüllen, uns gegenseitig beobachten und gemeinsam unser Verhalten reflektieren.

Nach unserer Einschätzung ist die Gruppe bislang ohne die Rollen, die wir derzeit einnehmen, noch nicht funktionsfähig. Noch sind die psychischen Belastungen durch die Missbrauchserfahrungen zu groß.

Arbeit und Selbstverständnis der Gruppe

Die Selbsthilfegruppe trifft sich in der Regel in 14-täglichem Rhythmus in einem eigens dafür angemieteten neutralen Gruppenraum einer münsterschen Bildungseinrichtung. Der Verlauf der abendlichen Treffen ist so abgesprochen, dass die ersten 30 bis 45 Minuten dem Informations- und Erfahrungsaustausch der Mitglieder dienen. In dieser Zeit sprechen wir über den Stand der persönlichen Auseinandersetzung mit dem Thema und auch über die politischen und juristischen Schritte, die von den einzelnen Mitgliedern unternommen worden sind. Der Rest des Abends bleibt für ein Thema, das sich aus den persönlichen Berichten am Abend ergibt oder von Abend zu Abend festgelegt wird.

Die Selbsthilfegruppe versteht sich als offene Gruppe, d. h., dass immer wieder neu hinzukommende Betroffene nach einem Vorgespräch integriert werden und andere sich entscheiden, die Gruppe wieder zu verlassen, aus welchen Gründen auch immer.

Dem Konzept liegt eine breite Definition des Begriffs ‹Grenzverletzungen in der Therapie› zugrunde: Die Palette der von den Mitgliedern erlebten Grenzverletzungen reicht von Unregelmäßigkeiten im äußeren Rahmen der Therapie (beispielsweise Abrechnungsarten und -modalitäten, Nichteinhalten der vereinbarten Zeit etc.) über Auflösung der Trennung von Therapie und Privatleben bis hin zu emotionalem und sexuellem Missbrauch. Dieser weiten Definition zufolge haben sich in der münsterschen Selbsthilfegruppe Menschen getroffen, die grenzverletzende Erfahrungen auf unterschiedlichen Ebenen, mit sehr unterschiedlicher Zeitdauer (von wenigen Monaten bis zu zehn Jahren) und in unterschiedlichen Therapie-Settings (Einzel- oder Gruppentherapie) erlebt haben.

Anhand einiger zitierter Rückmeldungen will ich im Folgenden beschreiben, welche Bedeutung meiner Einschätzung nach die Selbsthilfegruppe für ihre Mitglieder hat.

‹Ich war froh zu hören, dass ich nicht die Einzige bin, der das passiert ist.›

Dieser Satz beschreibt eine zentrale Erfahrung der Gruppenmitglieder. Obwohl sie wissen, dass der Therapeut allein für die Grenzverletzung verantwortlich ist, bleibt ein Gefühl von Scham und Schuld bestehen, das zu depressiven Gefühlszuständen führen kann, wenn man sich bei der Bearbeitung allein oder allein gelassen fühlt. Die Erfahrung, dass auch andere Menschen von demselben oder von anderen Therapeuten grenzverletzend behandelt worden sind, schafft neben dem Trost auch eine gefühlsmäßig größere Eindeutigkeit in der Frage der Verantwortlichkeit.
‹Es tut so gut, darüber sprechen zu können und zu fühlen, dass mir geglaubt wird.›

Alle Formen von Grenzverletzungen und Missbrauch in der Therapie stürzen die Klienten in Verwirrung und Verunsicherung, Gefühle, mit denen sie in der Regel zunächst allein sind.

Scham- und Schuldgefühle verhindern nicht nur, dass die Therapieerfahrungen öffentlich gemacht werden, sondern hindern die Betroffenen sogar, sich gegenüber den nächsten Menschen zu offenbaren. Nicht selten wiederholt sich hier fatalerweise ein Drama, das die Betroffenen in früheren Beziehungen, z. B. in der Herkunftsfamilie, erlebt haben und das Störungen zur Folge hat, die sie ursprünglich in die Therapie geführt haben. Mit dem Schweigen, das über diesen Erfahrungen liegt, und mit den Tabus zu brechen und mit anderen darüber zu sprechen bedeutet für die Betroffenen oft eine kaum zu überwindende Hürde. Umso größer ist die Erleichterung, wenn sie es dann geschafft haben, und umso wichtiger ist die Unterstützung durch die Gruppe, um die bleibenden Selbstzweifel und Selbstanklagen im Rahmen halten zu können.

Oft dauert es lange, bis therapiegeschädigte Klienten sich wieder selbst glauben und trauen können, und es bedarf der Bestätigung, dass andere ihnen glauben und ihnen vertrauen, auch dann noch, wenn sie phasenweise wieder an sich selbst zweifeln.

Die Mitglieder der Selbsthilfegruppe berichten übereinstimmend von überwiegend skeptischen bis misstrauischen Reaktionen von Personen und Institutionen wie Krankenkassen, Gesundheitsämtern, Polizei, Staatsanwaltschaft und Berufsverbänden der Psychotherapeuten, an die sie sich mit ihren Berichten über grenzverletzende Praktiken gewandt hatten. Mehr oder weniger deutlich wurden hier die Betroffenenberichte infrage gestellt und angedeutet, dass diese Geschichten wohl nur in der krankhaften Phantasie der Klienten entstanden sein könnten. Hier wird deutlich, wie wichtig die unterstützende und vertrauensvolle Atmosphäre in der Selbsthilfegruppe ist.

‹Zusammen mit anderen fühle ich mich stärker, mich zur Wehr zu setzen.›

Dieser Satz meint nicht nur die Binsenweisheit, dass sich Menschen in einer Gruppe stärker fühlen als allein. Er beschreibt auch den langsamen Prozess, mit dem sich die Mitglieder der Gruppe allmählich wieder aus der Rolle des Opfers befreien und lernen, die eigenen Grenzen deutlicher zu fühlen, klarer zu definieren und aktiver zu schützen. Weil in diesem Prozess ständig die Gefahr des Zurückfallens in die Opferrolle besteht, ist die Unterstützung einer Gruppe wichtig. Die mitfühlenden und solidarischen Reaktionen der anderen können helfen, immer weitere Entwicklungsschritte zu gehen. Sie können auch zu einer realistischen Einschätzung der momentan verfügbaren Kraftreserven Einzelner und damit zu persönlich richtigen Strategieentscheidungen beitragen. Sich selbst überfordernde Aktionen führen selten zum Erfolg und damit allzu oft zu der wiederholten Bestätigung, dass «man ja doch nichts machen kann». Und schon sind wir wieder bei der Opferrolle.

Gruppendruck und (Un-)Verbindlichkeit – ein Balanceakt

Die meisten Mitglieder der Selbsthilfegruppe haben ihre Erfahrungen von Grenzverletzung und Missbrauch in so genannten Therapiegruppen gemacht, in denen mit sehr viel Anpassungsdruck an die Normen der Therapiegruppe und der Therapeuten und Therapeutinnen gearbeitet wurde. Der Wunsch, dazuzugehören und von Gruppe und Therapeuten akzeptiert zu werden, hatte bei den Klienten eine Bereitschaft wachsen lassen, sich anzupassen, den eigenen Widerstand dagegen zu überhören und die eigenen Grenzen (mal wieder nicht) zu ziehen. Zu Beginn der Selbsthilfegruppe war deshalb verständlicherweise eine erhöhte Alarmbereitschaft gegen jede Form von Gruppendruck und -ordnung festzustellen.

Der offene Charakter der Selbsthilfegruppe wurde und wird auch jetzt noch ständig auf die Probe gestellt: ‹Muss ich mich abmelden, wenn ich mal nicht kommen kann?› – ‹Werde ich kritisiert, wenn ich nicht regelmäßig komme oder mich nicht an Aktionen beteilige?› – ‹Mögen die anderen mich noch, auch wenn ich mich mal gegen die Gruppe entscheide?› Diese deutlich erhöhte Sensibilität für jede Form von Abhängigkeit von der Gruppe und damit korrespondierend das wieder erstarkende Bewusstsein der eigenen Gefühle, der eigenen Entscheidungen und der eigenen Grenzen bestimmten die Dynamik der Gruppe in der Anfangsphase. Die Gefühle von Solidarität, Verbundenheit und Verbindlichkeit – grundlegend wichtig für alle Arten von Gruppen, also auch für diese Selbsthilfegruppe – konnten in diesem Klima nur langsam wachsen.

Der Balanceakt zwischen dem Wunsch nach einer Gruppe und den damit verbundenen Beziehungen und der Angst vor der Gruppe mit all den belastenden Themen ist immer wieder spürbar.

Die Finanzierung

Die nicht unerheblichen Kosten für die Initiierung der Selbsthilfegruppe werden aus Mitteln des Arbeitskreises gegen Missbrauch und Grenzverletzung in Therapie und Ausbildung e. V. getragen, ergänzt durch Zuschüsse der Stiftung Siverdes und des Vereins zur Förderung der Selbsthilfe Münster. Die Eigenbeträge der Betroffenen konnten so mit 10 bis 15 DM je Treffen relativ niedrig gehalten werden. Dem kommt deshalb besondere Bedeutung zu, weil einige der Gruppenmitglieder in ihrer Therapie starke finanzielle Ausbeutung bis hin zu hohen Verschuldungen erlebt haben, deren Folgen sie auch jetzt noch belasten. Eine finanzielle Beteiligung der Betroffenen an den Kosten der Selbsthilfegruppe schien uns jedoch sinnvoll und notwendig, um auch unsere besondere Rolle als bezahlte Moderatoren erfahrbar zu machen.

Fazit

Die Ausgangsfrage, ob eine Gruppe von Therapiegeschädigten als Selbsthilfegruppe funktionieren kann, ob sie genügend Selbsthilfepotential und die notwendigen Strukturen und Rollen entwickeln kann, kann noch nicht abschließend beantwortet werden. Deutlich geworden ist aber bereits, dass sie ein wichtiger Beitrag zur Bearbeitung der traumatischen Erfahrungen ist.
Alle Beteiligten, Mitglieder wie Begleiter der Selbsthilfegruppe, werden diesen Prozess sorgsam im Auge behalten.»

Nicht lange nach diesem Bericht von Bernd Brixius löste sich die Selbsthilfegruppe auf. Zum einen ist dies als positives Zeichen zu sehen: Die Gruppe hat sich selbst quasi überflüssig gemacht. Die Zahl der Teilnehmer war zum Ende rapide geschrumpft.

Zum anderen hatte die Auflösung auch mit zwei sehr bedenklich stimmenden Zwischenfällen in dieser Gruppe zu tun:

Bereits bei einem der ersten Treffen der Selbsthilfegruppe hatte eine der Teilnehmerinnen durch widersprüchliche Aussagen und Verhaltensweisen auf sich aufmerksam gemacht. Die anderen Teilnehmer wurden misstrauisch, als sich durch einen Zufall herausstellte, dass dieses Teilnehmerin einen Freund hatte, der nach wie vor ein Anhänger der psychotherapeutischen Praxiskette von Klaus M. war, in der ein Großteil der Gruppenmitglieder geschädigt worden war. Später stellte sich heraus, dass diese Teilnehmerin Spitzeldienste für ebendiese Praxis übernommen hatte.

Noch gravierender wirkte sich ein zweiter Fall von Bespitzelung durch eine neu hinzugekommene, angeblich schwer therapiegeschädigte Frau aus: Zwar hatten manche Gruppenmitglieder von Anfang an ein «komisches Gefühl» gegenüber diesem neuen Gruppenmitglied gehabt, aber sie wollten nicht zu misstrauisch sein, zumal das Schicksal dieser Frau ganz schrecklich klang. Sie hätte wegen ihrer Krebskrankheit nur noch wenig Zeit zu leben und war mit dieser Begründung später auch nicht mehr zu den Treffen erschienen. Dass diese zweifach bespitzelte Selbsthilfegruppe danach nicht mehr unbefangen offen für neue Mitglieder war und schließlich zerbrach, ist nicht nur aus Sicht der Therapiegeschädigten verständlich.

Adressen von offiziellen Beratungsstellen und Selbsthilfegruppen

Arbeitskreis gegen Missbrauch und Grenzverletzung in Therapie und Ausbildung e. V.
Adresse: Grevener Str. 89
48159 Münster
Tel.: 0251/297343

In diesem Arbeitskreis ist eine Gruppe von Psychologen, Therapeuten, Ärzten und Mitarbeitern von Beratungsstellen organisiert, die seit 1993 zum Thema Missbrauch arbeitet und über das Thema sowohl auf öffentlichen Veranstaltungen als auch in Fachveranstaltungen und Arbeitskreisen informiert. Der eingetragene Verein hat als einer der Ersten nicht nur das Thema des sexuellen Missbrauchs, sondern auch die breite Palette weiterer Formen von Grenzüberschreitung und Missbrauch in der Therapie thematisiert. Veröffentlicht sind Broschüren und Kriterienkataloge zur Erkennung grenzüberschreitenden Verhaltens in Therapie und Ausbildung (umfasst Ausbildung in Psychotherapie, Supervision etc.)

Mitglieder dieses Arbeitskreises begleiteten die Gründungsphase einer ersten Selbsthilfegruppe Therapiegeschädigter in Münster.

1995 bewilligte das Arbeitsamt die Einstellung einer ABM-Kraft.

Information und Beratung zum Thema Psychotherapie e. V.
Adresse: Scheidswaldstr. 41
60385 Frankfurt
Tel.: 069/551866

Der Verein, der im November 1994 seine Tätigkeit aufgenommen hat, bietet Beratungsgespräche und Entscheidungshilfe vor der Aufnahme einer Therapie an («Wir helfen Ihnen bei der Entscheidung, welche Psychotherapie für Sie persönlich die richtige ist»). Daneben versteht sich das Büro auch als Anlaufstelle für Klienten, die in der Therapie Missbrauch oder Grenzverletzung erlebt haben, und bietet Begleitung, etwa durch eine Gruppe. Gründerin ist Ute Kraft, die Beratungsgespräche werden von ehrenamtlichen Mitarbeitern geführt, die ein Studium und eine Zusatzausbildung im psychotherapeutischen Bereich absolviert haben. Die Beratungsgespräche werden gegen eine Aufwandsentschädigung geführt. Der Verein hat außerdem einen Wegweiser durch das therapeutische Angebot im Rhein-Main-Gebiet herausgegeben, der auch auf Praxen hinweist, die sich auf Psychotherapie z. B. in türkischer Sprache spezialisiert haben.

Klärungsausschuss Psychotherapie
Im Berufsverband Deutscher Psychologen e. V.

Adresse: Sophienstr. 15
23560 Lübeck

Der Ausschuss steht nach Selbstdarstellung dann bereit, wenn «Sie nicht sicher sind, ob Sie in einer therapeutischen Beziehung emotional oder sexuell missbraucht werden, und wenn es nicht möglich ist, dies mit dem Therapeuten zu klären». Als klinische Psychologinnen und Psychologen im Berufsverband Deutscher Psychologen haben sich die fünf Vertreter des Ausschusses «mit der Anerkennung der Berufsordnung zu lebenslanger Fortbildung und Supervision verpflichtet. Dies ist unseres Erachtens ein wichtiger Beitrag zu einem respektvollen Umgang mit den sich uns täglich anvertrauenden Menschen.»

V.E.S.U.V.
Verein für Erforschung und Schutz unangepassten Verhaltens e. V.

Adresse: Münstereifeler Str. 16
50937 Köln
Tel.: 02 21 / 72 45 65 (dienstags) oder
Tel.: 02 21 / 4 20 13 84 (mittwochs)

Kostenlose Informationen zu Fragen der Psychotherapie, Adressenkartei von Beratungsstellen, Therapie- und Berufsverbänden und von psychotherapeutischen Angeboten im Kölner Raum.

Die Beratungsstelle im Kölner Stadtteil Sülz, die mit der Idee, eine «Therapieabberatung» zu machen, an den Start gegangen war und die im Dezember 1996 ihre Tätigkeit aufgenommen hat, ist die erste Stelle, die den Gedanken des Verbraucherschutzes auf den therapeutischen Markt überträgt. Der Trägerverein bietet Therapiesuchenden *kritische* Informationen über die Angebote des «Psychomarktes» an. Nach Selbstdarstellung des Vereins geht es u. a. darum, «Transparenz auf dem Psychomarkt» herzustellen, «Hilfe zur Selbsthilfe» anzubieten, und dies vor allem unter dem Motto: «So wenig Psychotherapie wie möglich, aber so viel und so frühzeitig wie nötig». Die kritische Einstellung zu diversen Therapieverfahren und ihren beruflichen Vertretern verhehlen die Initiatoren nicht und bieten konsequenterweise Hilfe bei der Suche nach Alternativen an.

Zweck des Vereins ist «die Erforschung und der Schutz unangepassten Verhaltens». Unter unangepasstem Verhalten wird dabei alles Verhalten verstanden, «das im Sinne gesellschaftlicher Normen als ‹auffällig›, ‹ungewöhnlich›, ‹abweichend› und ‹abnorm› gilt.» Erklärtes Ziel ist es auch, Menschen mit solchem Verhalten gegen «unangemessene Eingriffe in die Lebensführung» zu schützen, d. h. gegen Psychotherapie, die «normales» Verhalten anstrebt.

Selbsthilfegruppen

Selbsthilfegruppen arbeiten in aller Regel nicht offiziell, sodass es kaum Anlaufadressen gibt. Einige der folgenden Kontaktadressen habe ich durch Mund-zu-Mund-Propaganda und zufällig herausgefunden, es gibt sicher mehr. Vielleicht können örtliche Institutionen helfen, Kontakt zu einer wohnortnahen Selbsthilfegruppe zu finden. Der Kölner Verein V.E.S.U.V. hat Adressen von Ansprechpartnern für Selbsthilfegruppen ebenso wie die Kontaktadresse für eine Selbsthilfegruppe für Angehörige Therapiegeschädigter.

SELPSTH e. V.

Selbsthilfeverein für Psychotherapiegeschädigte
c/o SPI
Danckelmannstr. 50
14059 Berlin
Tel.: 030/3 265457

Die Gruppe wird vom Senat für Gesundheit gefördert.
Aus der Selbstdarstellung:
«Wir sind eine Gruppe von Menschen, die schlimme und gute Erfahrungen mit Psychotherapie gemacht haben. Wir haben beschlossen, Unterstützung anzubieten für andere Betroffene, die sich im Zustand psychischer Abhängigkeit in einer unglücklich laufenden Psychotherapie befinden oder befanden und nicht weiterwissen.»

Die Gruppe bietet auch Unterstützung beim weiteren Aufbau von Selbsthilfegruppen an.

Selbsthilfegruppe Therapiegeschädigter in Hannover
Kontaktadresse: Gudrun Müller,
Tel.: 0511/345032

Ihre Erfahrungen mit einer Selbsthilfegruppe würde weitergeben:
Anne Oetter
Tel.: 0251/271738

Anne Oetter hat Erfahrungen mit der aufgelösten münsterschen Selbsthilfegruppe gemacht und ist an der Gründung einer neuen Selbsthilfegruppe im Raum Münster interessiert.

Literatur

Anonyma, Verführung auf der Couch. Eine Niederschrift, Freiburg 1988

Augerolles, Joelle, Mein Analytiker und ich. Tagebuch einer verhängnisvollen Beziehung, Frankfurt 1991

Bach, George, und Molter, Haja, Psychoboom. Wege und Abwege moderner Psychotherapie, Düsseldorf 1976

Bachmann, Kurt Marc, und Böker, Wolfgang, (Hg.), Sexueller Mißbrauch in Psychotherapie und Psychiatrie, Bern 1994

Becker, Vera, und Hemminger, Hansjörg, Wenn Therapien schaden, Reinbek, 1985

Becker-Fischer, Monika, und Fischer, Gottfried, Zwischenbericht für das Bundesministerium für Frauen und Jugend zum Forschungsprojekt «Sexuelle Übergriffe in Psychotherapie und Psychiatrie», Materialien zur Frauenpolitik, Freiburg (Institut für Psychotraumatologie) 1995

Becker-Fischer, Monika, und Fischer, Gottfried, Sexueller Mißbrauch in der Psychotherapie – was tun? Orientierungshilfen für Therapeuten und interessierte Patienten, Heidelberg 1996

Institut für Psychotraumatologie (Hg.), Sexuelle Übergriffe in Psychotherapie und Psychiatrie. Forschungsbericht im Auftrag des Bundesministeriums für Familie, Senioren, Frauen und Jugend, Freiburg 1995

Burgard, Roswitha, Wenn Therapeuten schwach werden. In: Psychologie heute. Sonderheft Frauen 3

Fröhling, Ulla, Vater unser in der Hölle. Ein Tatsachenbericht, Hannover 1997

Giese, Eckhard, und Kleiber, Dieter, (Hg.), Das Risiko Therapie, Weinheim 1989

Giese, Eckhard, und Kleiber, Dieter, (Hg.), Im Labyrinth der Therapie, Erfahrungsberichte, Weinheim 1990

Goldner, Colin, Psycho. Therapien zwischen Seriosität und Scharlatanerie, Augsburg 1997

Grawe, Klaus, und Donati, Ruth, und Bernauer, Friederike, Psychotherapie im Wandel. Von der Konfession zur Profession, Göttingen 1993

Gross, Werner, (Hg.), Psychomarkt, Sekten, destruktive Kulte, Bonn 1994

Hafke, Christel, Macht, Ohnmacht und Machtmissbrauch in therapeutischen Beziehungen, Sozialwissenschaftliche Studien, Heft 32, Opladen 1996

Hanisch, Lothar, und Hermanns, Peter M., Kampf um die Seele. Von Profis und Scharlatanen, Reinbek 1990

Hassan, Steven, Ausbruch aus dem Bann der Sekten. Psychologische Beratung für Betroffene und Angehörige, Reinbek 1993

Hemminger, Hans-Jörg, Psychotherapie – Wege zum Glück? Zur Orientierung auf dem Psychomarkt, München 1987

Hemminger, Hans-Jörg, Das therapeutische Reich des Dr. Ammon. Eine Untersuchung zur Psychologie totalitärer Kulte, Stuttgart 1989

Hemminger, Hans-Jörg, und Becker, Vera, Wenn Therapien schaden. Kritische Analyse einer psychotherapeutischen Fallgeschichte, Reinbek 1985 und 1990

Hensch, Traute, und Teckentrup, Gabriele, (Hg.), Schreie lautlos. Mißbrauch in Therapien, Freiburg 1993

Herrmann, Jörg, Mission mit allen Mitteln, Der Scientology-Konzern auf Seelenfang, Reinbek 1992

Herzog, Gunter, und Griese, Eckhard, Zulassen – rauslassen. Neue Satiren aus der Psychowelt, München 1995

Heyne, Claudia, Tatort Couch, Zürich 1991

Heyne, Claudia, Täterinnen, Zürich 1993

Hoffmann-Axthelm, Dagmar, (Hg.), Verführung in Kindheit und Psychotherapie, Oldenburg 1992

Jaeggi, Eva, Zu heilen die zerstoßnen Herzen. Die Hauptrichtungen der Psychotherapie und ihre Menschenbilder, Reinbek 1995

Jaeggi, Eva, Neugier als Beruf. Autobiographie einer Psychotherapeutin, München 1991

Kraft, Ute, Wegweiser zum Thema Psychotherapie. Information und Beratung zum Thema Psychotherapie e. V. (Hg.), Frankfurt 1995

Löwer-Hirsch, Marga, Sexueller Mißbrauch in der Psychotherapie. 12 Fallgeschichten: 11 Frauen und ein Therapeut, Göttingen 1998

Langs, Robert, Der beste Therapeut für mich, Reinbek 1991

Masson, Jeffrey, Die Abschaffung der Psychotherapie. Ein Plädoyer, München 1991

Moser, Tilmann, Kompass der Seele. Ein Leitfaden für Psychotherapiepatienten, Frankfurt 1986

Pope, K. S., und Bouhoutsos, J. C., Als hätte ich mit einem Gott geschlafen. Sexuelle Beziehungen zwischen Therapeuten und Patienten. Hamburg 1992

Rutter, Peter, Verbotene Nähe. Wie Männer mit Macht das Vertrauen von Frauen mißbrauchen, Düsseldorf 1991

Schellenbaum, Peter, Nimm deine Couch und geh!, München 1992

Schmidt-Lellek, Christoph, Heimannsberg, Barbara (Hg.), Macht und Mißbrauch in der Psychotherapie, Köln 1995

Schröder, Burkhard, Spuren der Macht. Memmen, Macker, Muskelmänner, Reinbek 1990

Spenner, Roger, Die Strafbarkeit des «sexuellen Mißbrauchs» in der Psychotherapie, Frankfurt/M. 1999

Stamm, Hugo, Sekten. Im Bann von Sucht und Macht, Zürich 1995

Styrer, J., Charisma in Organisationen, Sozial-kognitive und psychodynamisch-interaktive Aspekte von Führung, Frankfurt/M. 1995

Vogt, Irmgard, und Arnold, Eva, Sexuelle Übergriffe in der Therapie. Anleitungen zur Selbsterfahrung und zum Selbstmanagement, Tübingen 1993

Weldon, Fay, Ehebruch, Hamburg 1995

Wirtz, Ursula, Seelenmord. Inzest und Therapie, Zürich 1989

Danksagung

Ohne die Offenheit und das Vertrauen zahlreicher therapiegeschädigter Männer und Frauen, die mir ihre Geschichten erzählt und aufgeschrieben haben, wäre dieses Buch niemals zustande gekommen.

Gleichzeitig ist es auch ein Ergebnis der Zusammenarbeit mit den Mitgliedern des münsterschen *Arbeitskreises gegen Grenzverletzung und Missbrauch in der Psychotherapie*. Außerdem haben mir zahlreiche Ärzte, Psychiater und Therapeuten in Interviews ihr Wissen zur Verfügung gestellt und mich bei meinen Recherchen tatkräftig unterstützt.

Nicht vergessen seien die vielen Hinweise und die Unterstützung vieler Freunde und Angehöriger geschädigter Therapieklienten.

Ihnen allen und meiner geplagten Familie möchte ich ganz herzlich danken.

Finanzratgeber

Michael Brückner /
Andrea Przylenk
Alternative: Selbstständigkeit
*Ein Testbuch für Arbeits-
lose und Umsteiger*
(rororo sachbuch 60432)

Rüdiger Falken / Jan Evers
Versicherungen *Ihr persönliches Versicherungspro-
gramm gegen Risiken*
(rororo sachbuch 60458)

Roland Keich /
Cornelius Buchmann
Wohneigentum *Wie Sie den
Kauf eines Hauses oder
einer Wohnung sicher
finanzieren*
(rororo sachbuch 60221)

Christa Niedermeier
Autokauf *Barzahlung,
Kredit, Leasing: die
günstigste Lösung für Sie*
(rororo sachbuch 60220)

Udo Reifner u. a.
**Mieter kaufen gemeinsam ihr
Haus. Das Modell der Zukunft**
*Wie Sie Wohneigentum
auch bei geringem Ein-
kommen finanzieren*
(rororo sachbuch 60461)

Udo Reifner / Achim Tiffe
Das Girokonto, Ihr Geldmanager
*Die beste Kontogestaltung
für Ihre eigenen Be-
dürfnisse*
(rororo sachbuch 60459)
Dieser Ratgeber führt Rechte
und Pflichten der Kunden
wie der Banken an und
widmet sich den typischen
Problemen, die bei Girokon-
ten auftauchen.

Diana Siebert
Geldanlagen *Wie Sie kleine
oder größere Beträge
günstig und ohne Risiko
anlegen*
(rororo sachbuch 60225)

Susanne Veit /
Michael Weinhold
Schulden *Wie Sie mit Schulden richtig umgehen und
Überschuldung abbauen*
(rororo sachbuch 60460)
Dieser Finanzratgeber zeigt
an konkreten Beispielen, wie
man mit Schulden richtig
umgeht. Dabei wird vor
allem die neue Insolvenz-
ordnung, die am 1. Januar
1999 in Kraft tritt und unter
bestimmten Bedingungen
Schuldenbefreiung vorsieht,
präzise erläutert und in prak-
tische Ratschläge umgesetzt.

Ein Gesamtverzeichnis aller
lieferbaren Bücher zum
Thema finden Sie in der
Rowohlt Revue. Vierteljähr-
lich neu. Kostenlos in Ihrer
Buchhandlung.

Rowohlt im Internet:
http://www.rowohlt.de

Management, Büro & Business

Kenneth Blanchard / John P. Carlos / Alan Rudolph
Management durch Empowerment *Das neue Führungskonzept: Mitarbeiter bringen mehr, wenn sie mehr dürfen*
128 Seiten. Gebunden

Kenneth Blanchard / William Oncken / Hal Burrows
Der Minuten-Manager und der Klammer-Affe *Wie man lernt, sich nicht zuviel aufzuhalsen*
128 Seiten. Gebunden

Kenneth Blanchard / Spencer Johnson
Der Minuten-Manager
128 Seiten. Gebunden

Kenneth Blanchard / Sheldon Bowles
Wie man Kunden begeistert *Der Dienst am Kunden als A und O des Erfolges*
128 Seiten. Gebunden

Spencer Johnson
Eine Minute für mich
128 Seiten. Gebunden

Kenneth Blanchard / Patricia und Drea Zigarmi
Der Minuten-Manager: Führungsstile *Wirkungsvolles Management durch situationsbezogene Menschenführung*
(rororo sachbuch 19934)

René Bosewitz / Robert Kleinschroth
Manage in English *Business English rund um die Firma*
(rororo sprachen 60137)
Better than the Boss *Business English fürs Büro*
(rororo sprachen 60138)

rororo sachbuch

Sell Like Hell *Business English für Verkaufsgespräche*
(rororo sprachen 60722 / Buch mit Audio-CD 60723 / Toncassette 60724)
Master Your Business Phrases *Sprachmodule für den Geschäftsalltag*
(rororo sachbuch 60725)
Get Through at Meetings *Business English für Konferenzen und Präsentationen*
(rororo sprachen 60262 / Buch mit Audio-CD 60265 / Toncassette 60266)
Let's go International *Business English rund um die Welt*
(rororo sprachen 60267 / Buch mit Audio-CD 60504 / Toncassette 60505)

Bryan Hemming
Business English from A to Z *Wörter und Wendungen für alle Situationen*
(rororo sprachen 60269)

Weitere Informationen in der **Rowohlt Revue**, kostenlos im Buchhandel, oder im **Internet:** www.rowohlt.de

Fit für den Job

Fähigkeiten aktivieren, Strategien verfolgen, Lösungen finden: mit den hilfreichen Ratgebern für den Berufsalltag von rororo.

Klaus Pawlowski /
Hans Riebensahm
Konstruktiv Gespräche führen
Fähigkeiten aktivieren, Ziele verfolgen, Lösungen finden
(rororo sachbuch 60396)
Das Leben wird angenehmer und die Arbeit erfolgreicher, wenn wir in Gesprächen den richtigen Ton treffen, Botschaften zu verstehen wissen, angemessen darauf reagieren können und faire Lösungen in Sach- und Beziehungsfragen finden. Dieser Ratgeber zeigt, wie wir unsere Fähigkeiten zum Gespräch entwickeln können.

Rotraut und Walter U. Michelmann
Effizient und schneller lesen
Mehr Know-how für Zeit- und Informationsgewinn
(rororo sachbuch 60330)

Connie B. Glaser /
Barbara S. Smalley
Erfolgsfaktor Selbstbewusstsein
Wie Frauen im Beruf überzeugend auftreten
(rororo sachbuch 60399)
Selbstbewusstes Auftreten ist für den beruflichen Erfolg entscheidend. Die Karriereberaterinnen Connie Glaser und Barbara Smalley zeigen, wie Frauen sich durch gekonnte Sprech- und Verhaltensweisen Respekt und Anerkennung verschaffen.

Gisa Briese-Neumann
Professionell telefonieren
(rororo sachbuch 60485)

Riaz Khadem /
Robert Lorber
Das Memo-Management *Erfolg durch richtige Informationsarbeit*
(rororo sachbuch 60562)

Ulla Dick
Erfolgreicher Berufsstart *Was Frauen über die Spielregeln am Arbeitsplatz wissen müssen*
(rororo sachbuch 60766)

Iris Oltmann
Projektmanagement
Zielorientiert denken, erfolgreich zusammenarbeiten
(rororo sachbuch 60763)

Weitere Informationen in der **Rowohlt Revue**, kostenlos in Ihrer Buchhandlung, und im Internet: **www.rowohlt.de**

rororo sachbuch

Auf gut Deutsch

Hertha Beuschel-Menze / Frohmut Menze
Die neue Rechtschreibung
Wörter und Regeln leicht gelernt
(rororo sachbuch 60788)

So schreibt man das jetzt! *Die neue Rechtschreibung*
(rororo sachbuch 60172)
Ab dem Jahr 2002 gelten in Deutschland, Österreich und der Schweiz vereinfachte Normen für Rechtschreibung und Interpunktion. Zwei erfahrene Deutschlehrer haben die neuen Regeln ins Jedermanndeutsch übertragen und sich auf die bedeutsamen Änderungen konzentriert.

Horst Fröhler
Das ändert sich: alle Wörter mit neuer Rechtschreibung
Alphabetisch aufgeführt und nach Gruppen geordnet
(rororo sachbuch 60384)

A. M. Textor
Sag es treffender *Ein Handbuch mit 25 000 sinnverwandten Wörtern und Ausdrücken für den täglichen Gebrauch. In neuer Rechtschreibung.*
(rororo handbuch 60862)
Auf Deutsch *Das Fremdwörterlexikon*
Über 20 000 Fremdwörter aus allen Lebensgebieten. In neuer Rechtschreibung.
(rororo handbuch 60863)
Zwei Standardwerke in vollständig überarbeiteter und erweiterter Neuauflage.

rororo sachbuch

Wolf Schneider
Deutsch fürs Leben *Was die Schule zu lehren vergaß*
(rororo sachbuch 19695)
Ein Deutschkurs, insbesondere für Schreiber, aber auch für Leser und alle, für die das Lernen nach der Schule nicht aufhört. Wolf Schneider erhielt 1994 den Medienpreis für Sprachkultur.

Wolf Schneider / Paul-Josef Raue
Handbuch des Journalismus
(rororo sachbuch 60434)
Wie werde ich Journalist? Die Autoren helfen mit diesem Handbuch bei allen Fragen zur Aus- und Fortbildung von Journalisten.

Weitere Informationen in der **Rowohlt Revue**, kostenlos im Buchhandel, oder im **Internet:** www.rororo.de